2014-2015년 세무사 재정학 기출문제 완전 분석

실전재정학 추록

비앤엠북스

2015 세무사 재정학
기출문제

01 시장실패에 관한 설명으로 옳지 않은 것은?

① 시장실패는 정부개입의 충분조건을 제공한다.
② 시장실패는 자원배분의 비효율성을 초래한다.
③ 정보의 비대칭성이 시장실패를 야기할 수 있다.
④ 외부성의 존재로 인해 시장실패가 일어날 수 있다.
⑤ 시장이 완비되지 못한 경우 시장실패가 일어날 수 있다.

02 사회후생함수에 관한 설명으로 옳지 않은 것은?

① 롤즈(J. Rawls)의 사회후생함수는 레온티에프(Leontief) 생산함수와 동일한 형태를 가진다.
② 평등주의 사회후생함수는 모든 사회 구성원들에게 동일한 가중치를 부여한다.
③ 애로우(K. Arrow)의 불가능성 정리는 사회의 여러 상태를 비교, 평가할 수 있는 합리적이고 민주적인 기준을 찾을 수 없다는 것을 뜻한다.
④ 공리주의적 사회무차별곡선의 기울기는 −1이다.
⑤ 에지워드(F. Edgeworth)의 주장에 의하면, 소득의 재분배는 사회후생을 증가시킬 수 있다.

03 A와 B의 효용함수가 $U_A=20Y_A^{\frac{1}{2}}+Y_A+3$, $U_B=30Y_B^{\frac{1}{2}}+Y_B+3$로 주어져 있다($Y_A$와 Y_B는 각각 A와 B의 소득). 공리주의에 의한 최적배분을 달성하기 위해서 총소득 100을 두 사람 사이에 어떻게 나누어야 적합한가?

① $Y_A=40$, $Y_B=60$
② $Y_A=50$, $Y_B=50$
③ $Y_A=60$, $Y_B=40$
④ $Y_A=70$, $Y_B=30$
⑤ $Y_A=80$, $Y_B=20$

04 공공재에 관한 설명으로 옳지 않은 것은?

① 공공재는 높은 외부경제 효과가 발생하는 재화에 속한다.
② 비경합성이 강한 공공재일수록 공공재가 주는 사회적 편익의 크기는 더 커진다.
③ 비배제성이 강한 공공재일수록 공공재의 공급비용이 더 크다.
④ 공공재의 생산을 정부가 직접 담당하지 않고 민간에 위탁하는 경우도 있다.
⑤ 공공재의 무임승차 문제는 자원배분의 효율성을 저해한다.

05 갑, 을, 병, 정 4명의 주민이 살고 있는 마을에 공동으로 방범용 가로등을 설치하고자 한다. 가로등의 개당 설치비용은 100만 원으로 일정하고, 가로등에 대한 주민들의 수요(D)는 아래 그림과 같다고 할 때 적정 공급량은 얼마인가?

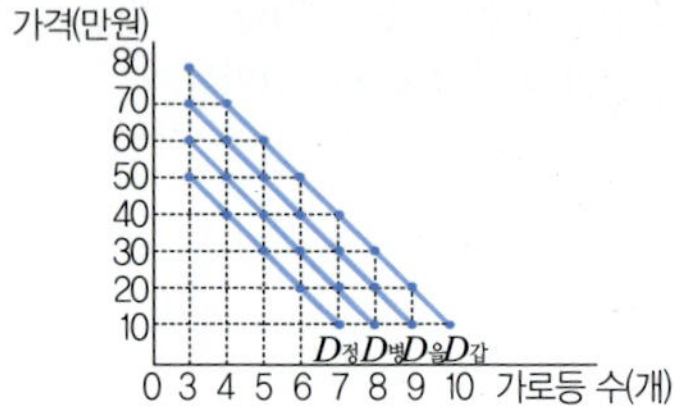

① 3개
② 4개
③ 5개
④ 6개
⑤ 7개

06 A와 B 두 사람만 사는 섬에 공동 대피동굴을 파기로 했다. 동굴의 깊이(D미터)에 대한 A의 총효용함수는 $U_A = 50 + 100D - D^2$, B의 총효용함수는 $U_B = 30 + 40D - \frac{1}{4}D^2$로 표시된다고 한다. 동굴을 파는 총비용함수는 $C = 100 + 0.5D^2$으로 주어져 있다. 동굴의 최적 깊이는 얼마인가?

① 20미터
② 30미터
③ 40미터
④ 50미터
⑤ 70미터

07 클라크 조세에 관한 설명으로 옳지 않은 것은?

① 개인들이 공공재에 대한 선호를 자발적으로 나타내도록 유인하는 수요표출 메커니즘의 일종이다.
② 공공재가 과다 공급되는 것을 방지하기 위한 수단이다.
③ 한 개인에게 부과되는 조세의 크기는 그가 시현한 수요와는 무관하게 결정된다.
④ 한 개인에게 부과되는 조세의 크기는 그의 공공재 추가소비가 다른 모든 사람들에게 미치는 소비자 잉여의 순손실과 동일하다.
⑤ 클라크 조세제도 하에서는 자신의 진정한 선호를 표출하는 것이 최선의 전략이다.

08 중위투표자 정리에 관한 설명으로 옳지 않은 것은?

① 모든 투표자의 선호가 단봉형일 때 성립한다.
② 다운즈(A. Downs)의 표극대화모형에 따르면, 정치가는 중위투표자의 지지를 얻어야 한다는 것을 해석할 수 있다.
③ 중위투표자 정리에 따르면, 동일 차원의 선택 대안에 대해서는 투표의 역설이 발생한다.
④ 양당제에서 성향이 상반된 두 정당의 선거공약이 유사해지는 것과 관련이 있다.
⑤ 중위투표자 정리에 의한 정치적 균형이 항상 파레토 효율성을 달성하는 것은 아니다.

09 복지–부담 정도에 관한 선호 체계 중 투표의 역설을 일으키는 사례를 모두 고른 것은?

구분	순위	A	B	C
사례 I	1 2 3	저부담–저복지 중부담–중복지 고부담–고복지	고부담–고복지 중부담–중복지 저부담–저복지	중부담–중복지 고부담–고복지 저부담–저복지
사례 II	1 2 3	저부담–저복지 중부담–중복지 고부담–고복지	고부담–고복지 저부담–저복지 중부담–중복지	중부담–중복지 고부담–고복지 저부담–저복지
사례 III	1 2 3	고부담–고복지 중부담–중복지 저부담–저복지	중부담–중복지 고부담–고복지 저부담–저복지	저부담–저복지 고부담–고복지 중부담–중복지

① 사례 Ⅰ ② 사례 Ⅱ ③ 사례 Ⅲ
④ 사례 Ⅰ, 사례 Ⅱ ⑤ 사례 Ⅱ, 사례 Ⅲ

10 외부성의 내부화에 관한 설명으로 옳은 것은?

① 공해를 줄이는 기업에 대해 저감된 공해단위당 일정금액의 보조금을 지급하는 경우, 단기적으로는 배출단위당 같은 금액의 환경세를 부과하는 경우와 공해저감효과가 동일하다.
② 배출권거래시장이 형성되기 위해서는 허용된 배출량까지 공해를 저감하는데 있어서 공해유발자들의 한계비용에 차이가 없어야 한다.
③ 코즈(R. Coase)정리는 협상당사자가 많아 협상비용이 과다한 경우라도 당사자 간의 자발적인 협상에 의해서 효율적 자원배분이 이루어질 수 있다는 것이다.
④ 여러 공해유발자들에 대하여 법으로 동일한 규모의 배출한도를 설정하는 것은 행정적으로 가장 간단하면서도 효율적이다.
⑤ 피구세(Pigouvian tax)는 교란을 일으키지 않는 중립세이다.

11 연탄시장은 완전경쟁시장이며, 수요곡선이 $Q=200-P$, 단기공급곡선이 $Q=P-100$이라고 한다. 연탄제조과정에서 발생하는 분진에 따른 사회적 한계피해액(MD)은 $MD=\frac{Q}{2}$이다. 연탄생산량 감축에 따른 피구 보조금(Pigouvian subsidy)을 지급한다고 할 때, 생산량 감축 단위당 보조금의 최적수준은 얼마인가?

① 5 ② 10 ③ 15 ④ 20 ⑤ 25

12 완전경쟁시장에서 정부가 오염물질배출 재화의 소비를 감소시키기 위해 다음과 같이 T만큼 종량세를 부과하였다. 다음 중 옳지 않은 것은? (단, MC_S : 사회적 한계비용, MC_P : 개인적 한계비용)

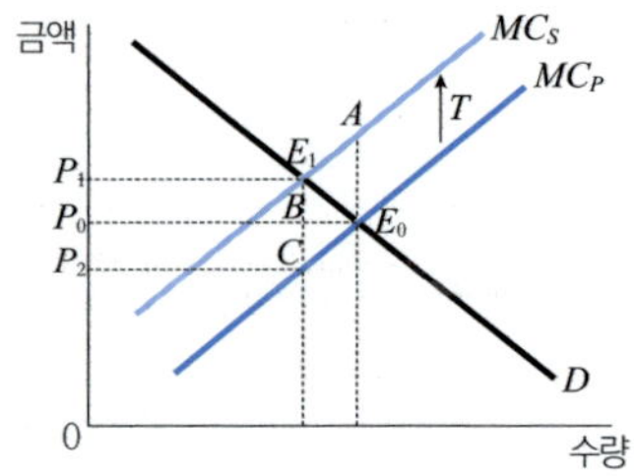

① 소비자잉여 감소분 : $P_1P_0E_0E_1$
② 생산자잉여 감소분 : $P_0P_2CE_0$
③ 조세수입증가분 : $P_1P_2CE_1$
④ 사회적 한계피해액의 감소분 : E_1CE_0
⑤ 사회적 순잉여 증가분 : AE_1E_0

13 사회보장 및 사회보험 관련 설명으로 옳은 것은 모두 몇 개인가?

(ㄱ) 절대빈곤의 기준소득은 중위소득이다.
(ㄴ) 빈곤갭(poverty gap)은 빈곤가구의 소득수준을 빈곤선 수준까지 끌어올리는데 필요한 총소득이다.
(ㄷ) 도덕적 해이로 인해 실업급여가 많을수록 실직기간이 길어질 수 있다.
(ㄹ) 국민연금의 재원조달방식 중 부과방식은 적립방식에 비해 지불능력이 더 안정적이다.
(ㅁ) 근로장려세제는 공적 부조의 문제 중의 하나인 근로의욕의 저하를 해결하기 위하여 도입한 세제이다.

① 0개 ② 1개 ③ 2개 ④ 3개 ⑤ 4개

14 다음 로렌츠 곡선에 관한 설명으로 옳지 않은 것은? (단, 전체 인구는 불변이라고 가정)

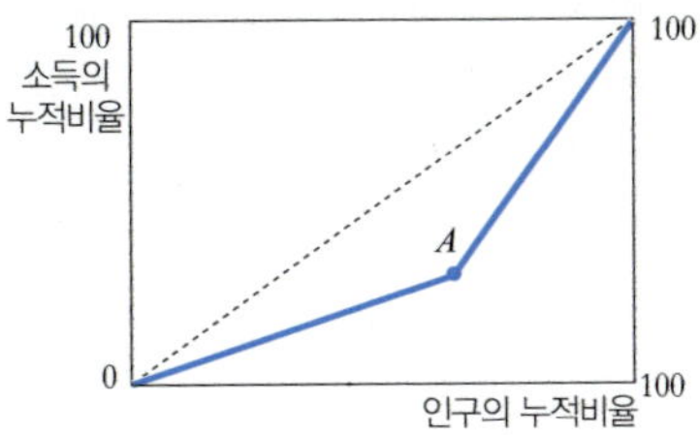

① 로렌츠 곡선상의 A점이 원점을 지나는 대각선에서 멀어질수록 지니계수가 커진다.
② 이 사회에는 두 개의 소득계층이 존재한다.
③ 로렌츠 곡선을 구성하는 두 개 직선의 기울기 차이가 커질수록 계층 간 소득격차가 작아진다.
④ 각 소득계층 내에서 개인의 소득수준은 모두 같다.
⑤ 저소득계층의 소득점유비중과 인구비중이 동시에 증가할 경우 지니계수는 커질 수 있다.

15 음(−)의 소득세제(negative income tax)가 $S=b-tE$로 주어졌을 때의 설명으로 옳지 않은 것은? (단, S : 보조금, b : 기초수당, t : 한계세율, E : 스스로 벌어들인 소득)

① b가 30만 원, t가 0.1일 때, E가 300만 원이면 보조금 혜택이 중단된다.
② 일반적으로 이 제도를 설계할 때의 기본적인 선택변수는 b와 t이다.
③ b가 30만 원, t가 0.2일 때 보조금을 받기 위해서 E는 150만 원 미만이어야 한다.
④ 다른 조건이 일정할 때, b가 클수록 재분배효과가 작아진다.
⑤ 다른 조건이 일정할 때, t가 인하되면 보조금이 늘어난다.

16 정부가 저소득층을 위해 소득을 지원하거나 식품가격을 보조할 수 있다고 하자. 정부지출의 경제적 효과에 관한 설명으로 옳지 않은 것은? (단, 저소득층의 무차별곡선은 원점에 대해 볼록한 일반적 형태를 가짐)

① 정책목표가 개인들의 효용증대에 있다면, 소득지원 정책보다는 가격보조 정책이 더 효과적이다.
② 가격보조 정책의 경우 소득효과와 대체효과가 동시에 발생한다.
③ 가격보조 정책이 비효율성을 일으키는 원인은 상대가격구조가 변하기 때문이다.
④ 소득지원 정책은 소득효과만 발생시키므로 자원배분의 비효율성을 유발하지 않는다.
⑤ 정책목표가 대상자의 식품소비 증대에 있다면, 가격보조 정책이 소득지원 정책보다 더 효과적이다.

17 A기업은 ○○단지에 현재 시점에서 10억 원의 투자비용이 일시에 소요되는 시설을 건축하기로 했다. 이 시설로부터 1년 후에는 10억 원의 소득이 발생할 것으로 예상되고, 2년 후에는 B기업이 20억 원에 이 시설을 인수하기로 했다고 하자. 연간 이자율이 50%라면 A기업의 입장에서 해당 사업의 내부 수익률은 얼마인가?

① 50%
② 100%
③ 150%
④ 200%
⑤ 250%

18 공공사업의 비용-편익분석에 관한 설명으로 옳지 않은 것은?

① 공공사업에 사용될 투입요소가 민간의 독점시장으로부터 제공된다면, 비용계산 시 독점가격에서 독점이윤을 제외시켜야 한다.
② 투입요소에 간접세가 부과된 경우, 이 조세는 정부로 이전되기 때문에 비용계산 시 제외시켜야 한다.
③ 사회적 할인율이 높아질수록 초기에 편익이 집중되는 사업이 유리해진다.
④ 공공투자에 사용되는 자금의 기회비용은 그 자금을 어떤 방식으로 조달하였느냐에 따라 달라질 수 있다.
⑤ 시장이자율이 사회적 할인율보다 높을 때 시장이자율을 할인율로 사용하면 공공사업의 경제성이 커질 수 있다.

19 국가채무에 관한 설명으로 옳지 않은 것은?

① 인플레이션은 국가채무의 실질가치를 감소시킨다.
② 이자율 상승은 국가채무의 일부를 자동적으로 갚아주는 효과를 가진다.
③ 리카도의 대등정리가 현실에서 성립할지라도 국채 발행은 여전히 미래세대의 부담으로 남는다.
④ 기술진보와 생산성의 증대로 미래세대가 현재세대보다 더 풍요로운 생활을 즐길 수 있다면, 국채에 의해 재원을 조달하는 것이 정당화될 수 있다.
⑤ 일반적으로 국채 발행은 어느 정도 구축효과를 통해 민간부문의 투자를 위축시킬 수 있다.

20 국민소득결정에 관한 단순 케인즈 모형이 아래와 같을 때, 정부지출과 관련된 설명으로 옳지 않은 것은? (단, 총공급곡선은 완전탄력적이며, 기업투자 및 정부지출은 독립적으로 이루어진다고 가정)

> $Y=C+I+G$
> $C=C_0+c(Y-T)$
> (T : 세금(정액세), c : 한계소비성향($0<c<1$), Y : 국민소득, C : 민간소비, C_0 : 상수, I : 기업투자, G : 정부지출)

① 정부지출이 100만큼 증가할 경우 국민소득은 100보다 더 많이 증가한다.
② 조세를 100만큼 경감해줄 경우가 정부지출을 100만큼 증가시킬 경우에 비해 국민소득을 더 적게 증가시킨다.
③ 정부재정 건전성을 확보하기 위해서 정부지출 증가액을 조세수입 증가액과 일치시킨다면 국민소득은 증가하지 않는다.
④ 노후 준비 등으로 민간부문의 한계소비성향이 감소할 경우 정부지출이 유발하는 국민소득 증가분은 줄어든다.
⑤ 기업투자나 정부지출이나 각각 100만큼 증가할 경우, 국민소득에 미치는 효과는 같다.

21 공공요금에 관한 설명으로 옳지 않은 것은?

① 공공요금을 정부가 관리하는 중요한 이유 중의 하나는 관련 공기업이 자연독점 성격을 가지기 때문이다.
② 평균비용곡선이 우하향하는 경우, 한계비용가격설정방식은 평균비용가격설정방식에 비해 사업 손실을 줄일 수 있다.
③ 한계비용가격설정방식을 적용할 경우, 공기업의 손실을 보전하는 방법으로 차별요금제와 이부요금제를 고려할 수 있다.
④ 이부요금제는 서비스 이용 기회에 대한 기본요금과 소비량에 대한 사용요금으로 구성된다.
⑤ 최대부하가격설정방식(peak-load pricing)이란 수요의 변동을 평준화시킴으로써 설비를 최적으로 이용하는 것을 목적으로 한다.

22 램지원칙에 관한 설명으로 옳은 것은?

① 램지원칙에 따르면, 수요의 가격탄력성이 0인 재화가 있다면 이 재화에 대해서만 조세를 부과해도 된다.
② 램지원칙이 성립하기 위해서는 각각의 재화가 대체관계에 있어야 한다.
③ 수요의 가격탄력성이 큰 재화일수록 낮은 세율을 적용하는 것이 형평성의 관점에서 바람직하다.
④ 램지원칙에 따르면, 각 재화에 대해 단일 세율로 물품세를 부과하는 것이 효율적이다.
⑤ 필수품에는 낮게 과세하는 것이 램지원칙에 부합할 뿐 아니라, 사회적으로도 바람직하다.

23 분권화된 재정제도의 장 · 단점에 관한 설명으로 옳지 않은 것은?

① 지방공공재 공급과정에서 인근 자치단체 간에 발생하는 외부성을 해결하기 어렵다.
② 주민들이 자신이 원하는 공공재를 공급하는 자치단체로 이동할 유인을 제공함으로써 지방정부 간 경쟁을 촉진시킨다.
③ 지방정부가 중앙정부보다 지역 내 공공부문의 자원배분에 필요한 지역 내 수요를 파악하는 데 유리하다.
④ 이동성이 높은 생산요소에 무거운 세금을 부과할 수 있기 때문에 조세징수상의 효율성이 증가한다.
⑤ 지방정부 간 조세경쟁으로 인해 조세제도가 비효율적으로 운영될 가능성이 있다.

24 목적세에 관한 설명으로 옳지 않은 것은?

① 조세수입이 특정용도에 사용되기로 정해진 세금이다.
② 특정분야 사업에 대해 어느 정도의 예산이 확보될 가능성이 크기 때문에 사업의 안전성이 보장된다.
③ 예산배분에 있어 칸막이가 발생하므로 다른 분야 예산사업의 재정위험이 목적세로 시행되는 사업에 파급되지 않는다.
④ 해당 조세수입이 어느 정부지출로 귀결되는지를 알 수 있다.
⑤ 공공서비스의 비용을 수혜자에게만 직접 부담시킴으로써 조세의 효율성을 제고시킨다.

25 조세의 부과로 인해 발생하는 초과부담에 관한 설명으로 옳지 않은 것은?

① 완전 보완재인 두 재화 중 어느 하나에 물품세를 부과할 경우 초과부담의 크기는 세율에 비례하여 커진다.
② 수요가 완전비탄력적일 때 물품세를 부과하더라도 해당 시장에서 초과부담은 발생하지 않는다.
③ 종가세가 부과될 경우, 초과부담은 수요의 가격탄력성이 크거나 재화의 거래액이 많을수록 증가한다.
④ 초과부담은 대체효과에 의해서만 발생하기 때문에 초과부담을 분석하기 위해서는 소득효과가 제거된 보상수요곡선을 사용해야 한다.
⑤ 독립적인 관계에 있는 두 재화에 물품세를 부과할 때 발생하는 초과부담은 대체관계에 있을 때에 비해 더 커진다.

26 담배 수요에 대한 흡연자들의 가격탄력성이 아래와 같을 때, 정부의 담배소비세 인상에 관한 설명으로 옳지 않은 것은? (단, 다른 조건은 일정하다고 가정)

〈담배수요 가격탄력성〉

구분	청소년	성인	전체 평균
저소득층	3.24	0.81	0.89
고소득층	2.76	0.80	0.85

① 청소년의 담배 지출액은 감소할 것이다.
② 성인의 담배 지출액은 증가할 것이다.
③ 두 소득계층으로부터의 조세수입은 증가할 것이다.
④ 청소년의 담배 소비가 성인에 비해 상대적으로 많이 감소할 것이다.
⑤ 저소득층 전체의 담배소비가 고소득층 전체에 비해 상대적으로 더 적게 감소할 것이다.

27 하버거(A. Harberger)의 조세부담 귀착에 대한 일반균형분석모형을 아래와 같이 가정하자.

1. 서로 다른 두 가지 재화가 각각 법인부문(자본집약적으로 생산)과 비법인부문(노동집약적으로 생산)에서 선형동차의 생산함수에 따라 노동과 자본을 투입해서 생산된다.
2. 요소시장은 완전경쟁적인 시장이고, 노동과 자본의 총량은 일정하며 부문 간 완전한 이동성을 가진다.
3. 각 재화의 수요곡선은 우하향한다.

이 때 정부가 법인세를 부과할 경우 나타나는 현상에 관한 설명으로 옳은 것은?

① 산출효과에 의해 노동에 대한 자본의 상대가격이 하락한다.

② 법인, 비법인부문 모두 자본-노동비율(K/L)이 하락한다.

③ 요소대체효과에 의해 법인부문에서 노동에 대한 자본의 상대가격이 상승한다.

④ 과세 후 법인부문이 생산하는 재화에 대한 수요는 증가한다.

⑤ 산출효과와 요소대체효과가 서로 반대방향으로 작용하기 때문에 결과적으로 노동자와 자본가 중 어느 쪽으로 조세부담이 귀착될지 불분명하다.

28 완전경쟁시장에서 수요곡선은 우하향하는 직선으로 주어져 있고 공급곡선은 완전탄력적이라고 가정할 때, 재화 한 단위당 종가세 t를 부과하는 경우에 관한 설명으로 옳지 않은 것은? (단, 부분균형분석을 전제로 함)

① 조세의 초과부담은 t의 제곱에 비례한다.

② 조세수입은 t의 제곱에 비례한다.

③ 수요가 가격탄력적일 때 세후 판매수입은 과세이전보다 줄어든다.

④ 세후 소비자가격은 과세이전에 비해 (세전가격$\times t$)만큼 상승한다.

⑤ 과세 후 소비자 잉여가 감소한다.

29 X재에 대한 보상수요함수는 $Q=-2P+40$이고, X재는 단위당 10원으로 얼마든지 구매할 수 있다고 하자. 물품세 부과로 인한 조세수입액이 32원이고 비효율성 계수가 $\frac{1}{8}$이라 할 때, X재에 단위당 부과된 물품세는 얼마인가?

① 1원

② 2원

③ 4원

④ 8원

⑤ 16원

30 탈세에 관한 설명으로 옳지 않은 것은?

① 탈세는 법률을 위반해 가면서 조세부담을 줄인다는 점에서 조세회피와 구별된다.

② 세무조사를 받을 확률이나 벌금률을 높이는 것은 탈세를 줄이는데 기여할 수 있다.

③ 세율을 인상할 경우 일반적으로 대체효과에 의해 탈세가 줄어드는 경향이 있다.

④ 조세제도가 자신을 불공평하게 대우했다고 느끼는 사람일수록 탈세행위를 할 가능성이 커진다.

⑤ 탈세 규모가 커질수록 지하경제가 확대된다.

31 소득에 관한 설명으로 옳지 않은 것은?

① 소득은 노동시장에서 여가와 노동에 대한 선택의 결과를 반영할 수 있기 때문에 동일한 예산집합을 가지는 두 사람의 경제적 능력을 달리 취급하는 경우가 발생한다.
② 현행의 소득세제는 실현주의 원칙에 기반을 두면서 부분적으로 예외를 인정하고 있다.
③ 다른 조건이 일정할 때, 인플레이션으로 인해 명목소득이 증가하는 경우 소득세 부담이 증가한다.
④ 대부분의 나라에서 요소소득은 과세대상으로 하고 있지만, 이전소득의 경우에는 많은 부분을 비과세대상으로 처리하고 있다.
⑤ 귀속소득(imputer income)에 대한 과세가 대부분의 나라에서 이루어지고 있다.

32 선형 소득세제에 관한 설명으로 옳지 않은 것은?

> 세제1 : $T=10+0.1Y$
> 세제2 : $T=0.15Y$
> 세제3 : $T=-10+0.15Y$
> (단, T : 조세수입, Y : 소득)

① 세제1의 조세수입의 소득탄력성이 세제2의 조세수입의 소득탄력성보다 작다.
② 세제2와 세제3은 동일한 한계세율을 가진다.
③ 세제3의 평균세율은 누진구조를 가지고 있다.
④ 세제3의 경우 면세점 이상의 소득자는 소득이 증가할수록 조세수입의 소득탄력성이 더 커진다.
⑤ 세제1과 세제3의 조세수입이 일치하는 지점에서 세제1이 세제3에 비해 조세수입의 소득탄력성이 작다.

33 부가가치세에 관한 설명으로 옳은 것은?

① 각 생산단계에서 발생하는 총판매액을 과세대상으로 한다.
② 모든 물품에 대하여 동일비율로 과세한다는 점에서 중립세의 성격을 가진다.
③ 생필품에 단일 세율로 부과할 경우 소득분배에 역진적이다.
④ 기업 간 수직통합을 부추긴다는 문제가 있다.
⑤ 부가가치세 면세 품목에는 영세율이 적용된다.

34 두 쌍의 예비부부의 소득과 소득세액이 아래와 같이 제시되어 있다(단, 소득공제는 없으며 한계세율은 소득액이 6,000만 원까지는 10%, 6,000만 원 초과 금액에 대해서는 X%를 적용한다고 가정).

예비부부	개인소득	과세단위별 소득세액	
		개인기준	가구(가족)기준
김ㅇㅇ 박ㅇㅇ	0.3억 원 1.7억 원	300만 원 3,900만 원	4,800만 원
이ㅇㅇ 최ㅇㅇ	1억 원 1억 원	1,800만 원 1,800만 원	4,800만 원

다른 조건이 일정할 때, 두 쌍의 예비부부가 결혼하고 과세방식을 개인기준에서 가구(가족)기준방식으로 변경할 경우 결혼중립성원칙과 수평적 공평성 원칙의 충족여부와 그 때의 한계세율(X%)을 바르게 짝지은 것은?

(ㄱ) 결혼중립성 충족　　(ㄴ) 결혼중립성 미충족
(ㄷ) 수평적 공평성 충족　　(ㄹ) 수평적 공평성 미충족
(ㅁ) 한계세율 : 18%　　(ㅂ) 한계세율 : 24%
(ㅅ) 한계세율 : 30%　　(ㅇ) 한계세율 : 36%

① ㄱ－ㄷ－ㅁ
② ㄱ－ㄷ－ㅅ
③ ㄱ－ㄹ－ㅂ
④ ㄴ－ㄷ－ㅅ
⑤ ㄴ－ㄹ－ㅇ

35 지출세와 소득세에 관한 설명으로 옳지 않은 것은? (단, 부분균형분석을 전제로 함)

① 지출세 시행 시 현재소비와 미래소비에 관한 예산선의 기울기는 소득세 시행 시의 예산선의 기울기와 다르지 않다.
② 지출세 지지자들은 소득세가 시점 간 자원배분 과정에서 교란을 일으키게 되어 비효율성의 원인이 된다고 주장한다.
③ 효율성 측면에서 소득세와 지출세를 비교한 결과 지출세가 우월하다.
④ 개인이 사회에 기여하는 것보다는 사회로부터 가져가는 것을 기준으로 과세하는 것이 바람직하다는 점에서 지출세가 선호된다.
⑤ 소득세제 하에서는 동일한 경제적 능력의 소유자도 저축성향이 큰 사람일수록 더 무거운 조세부담을 지게 되므로 수평적 공평성을 저해한다.

36 아래의 표에 나타난 우리나라의 소득세율 체계에 관한 설명으로 옳은 것은? (단, 다른 조건은 일정하다고 가정)

과세표준	세율
1,200만 원 이하	6%
1,200만 원 초과~4,600만 원 이하	15%
4,600만 원 초과~8,800만 원 이하	24%
8,800만 원 초과~1.5억 원 이하	35%
1.5억 원 초과	38%

① 세액공제의 증가에 따라 한계세율이 감소한다.
② 과세표준 1.5억 원 초과구간에서 평균세율이 더 이상 오르지 않는다.
③ 동일한 과세표준구간에서 조세수입의 소득탄력성은 평균세율에 비례한다.
④ 최저과세표준 구간의 세율만 하락할 경우, 모든 구간의 납세자 부담이 감소하지는 않는다.
⑤ 과세표준이 1,200만 원을 초과하면 평균세율이 한계세율보다 낮다.

37 헤이그-사이먼즈(Haig-Simons)의 포괄적 소득세제에 관한 설명으로 옳은 것은?
① 소득의 발생 사실만으로 과세하는 것은 적절하지 않다는 실현주의에 근거한 소득이다.
② 소비지출과 순가치(개인 잠재소비능력) 증가분의 합을 과세대상으로 삼아야 한다는 입장이다.
③ 포괄적 소득세제는 수평적 공평성을 저해시킨다.
④ 배당금이나 자본이득을 다르게 취급하고, 여가나 내구성 자산으로부터의 귀속소득은 과세대상에서 제외한다.
⑤ 편익원칙에 충실한 과세방식이다.

38 법인세 부과가 기업의 투자행위에 미치는 영향에 관한 설명으로 옳은 것은?
① 한계실효세율이 음(−)의 값을 가지는 경우, 법인세 부과가 투자행위를 위축시킬 수 있다.
② 법인세가 부과된 후 자본의 사용자 비용이 감소하면 법인세 부과가 투자행위를 위축시킨다고 해석할 수 있다.
③ 투자세액공제나 가속상각제도의 채택은 자본의 사용자 비용을 증가시킨다.
④ 자본의 사용자 비용과 관련된 한계실효세율 측정은 세후수익률을 세전수익률로 나누어서 구할 수 있다.
⑤ 법인세가 부과된 후 자본의 사용자비용에 변화가 없으면 투자행위에 중립적이라고 해석할 수 있다.

39 법인세에 관한 설명으로 옳지 않은 것은?

① 법인세 부과는 재화가격의 인상을 통해서 일부 또는 전부가 소비자에게 전가될 수 있다.
② 법인세 부과는 동일한 소득에 대한 이중과세의 문제를 지니고 있다.
③ 법인세가 경제적 이윤에 대한 과세가 되기 위해서는 당기순이익이 경제적 이윤과 같아야 한다.
④ 법인세 부과는 기업의 재원조달방식으로 차입보다 유상증가를 더 선호하게 할 것이다.
⑤ 명목법인세율과 실효법인세율과의 차이는 정부의 법인기업에 대한 지원의 정도를 의미한다.

40 시간당 임금률 W_0를 받고 있던 근로자가 여가와 소득 사이에서 선택하는 상황을 가정하자. 여가와 소득에 관한 무차별곡선은 원점에 대해 볼록한 일반적 형태이며, 여가는 열등재이다. 세율 t로 비례소득세가 부과된 경우 소득세가 노동공급에 미치는 효과에 관한 설명으로 옳은 것은?

① 순임금률은 $(1+t)W_0$로 상승한다.
② 소득효과는 노동공급량을 감소시킨다.
③ 대체효과는 노동공급량을 증가시킨다.
④ 대체효과가 소득효과보다 크면 노동공급량을 늘리는 방향으로 작용한다.
⑤ 노동공급곡선은 우하향하는 형태를 가진다.

2014 세무사 재정학
기출문제

01 A와 B의 효용함수는 각각 $U_A=min\{X_A, Y_A\}$, $U_B=min\{X_B, Y_B\}$이다. X재와 Y재화의 전체 공급량은 각각 10이다. 계약곡선과 효용가능곡선(utility possibility frontier)의 형태로 옳은 것은?

① 통상적 에지워스 박스에서 우하향하는 대각선, $U_B=5+U_A$
② 통상적 에지워스 박스에서 우하향하는 대각선, $U_B=5+2U_A$
③ 통상적 에지워스 박스에서 우하향하는 대각선, $U_B=10-U_A$
④ 통상적 에지워스 박스에서 우하향하는 대각선, $U_B=10-2U_A$
⑤ 계약곡선과 효용가능곡선은 존재하지 않는다.

02 칼도-힉스(Kaldor-Hicks)의 보상기준에 관한 설명으로 옳은 것은?

① 누군가의 희생 없이는 어떤 사람의 후생증대가 불가능하다.
② 최적의 자원배분을 실현하게 되어 더 이상 파레토 개선이 불가능하다.
③ 칼도-힉스의 보상기준은 실제적 보상이 이루어질 것을 요구한다.
④ 칼도-힉스 보상 기준이 적용된다는 것은 잠재적 파레토 개선이 이루어진다는 것을 의미한다.
⑤ 경제 상태 변화에 따라 손해를 입게 되는 사람의 수가 이득을 보는 사람의 수보다 적을 때에 이루어지게 된다.

03 건강보험(의료보험) 시행과정에서 발생하는 도덕적 해이를 줄일 수 있는 방안을 모두 고른 것은?

(ㄱ) 공제제도(deductibles)	(ㄴ) 영리병원제도
(ㄷ) 공동보험제도(coinsurance)	(ㄹ) 정보의 확산

① (ㄱ), (ㄷ)　② (ㄴ), (ㄹ)　③ (ㄱ), (ㄴ), (ㄷ)
④ (ㄴ), (ㄷ), (ㄹ)　⑤ (ㄱ), (ㄴ), (ㄷ), (ㄹ)

04 우리나라 건강보험제도에 관한 설명으로 옳은 것은?

(ㄱ) 일반적으로 역선택 문제가 발생한다.
(ㄴ) 진료비는 건강보험에서 전액 부담하는 것이 효율성 측면에서 바람직하다.
(ㄷ) 건강보험 당연지정제가 폐지된다면 의료시장의 양극화가 일어날 수 있다.
(ㄹ) 건강보험을 통해 제공되는 의료서비스는 외부성이 높은 서비스이다.

① (ㄱ), (ㄴ)　② (ㄴ), (ㄷ)　③ (ㄴ), (ㄹ)　④ (ㄷ), (ㄹ)　⑤ (ㄱ), (ㄷ), (ㄹ)

05 사무엘슨(P. A. Samuelson)의 공공재 공급모형에 관한 설명으로 옳지 않은 것은?

① 후생경제학적 입장에서 공공재 최적 공급조건을 처음으로 제시하였다.
② 사회구성원의 공공재에 대한 선호가 모두 알려져 있다고 가정한다.
③ 순수 공공재뿐만 아니라 비순수공공재를 포함한 공공재 공급모형이다.
④ 사회구성원의 소득분배가 주어진 상태에서 공공재의 최적 자원배분모형을 제시하였다.
⑤ 공공재(G)와 사적재(X)에 관한 각 소비자의 한계대체율(MRS_{GX})합이 한계변환율(MRT_{GX})과 같아야 한다.

06 당사자 간의 자발적 교환에 의해 공공재의 생산수준과 비용 분담 비율을 동시에 결정하는 린달균형모형에 관한 설명으로 옳지 않은 것은?

① 개별 소비자의 공공재 비용 분담 비율은 그 소비자의 소득에 비례한다.
② 분권화된 준 시장적 해결책(quasi-market solution)이다.
③ 개별 소비자의 공공재 비용분담 비율은 당사자 간의 합의 결과이다.
④ 공공재가 갖는 비배제성 때문에 무임승차의 문제가 발생할 수 있다는 비판이 있다.
⑤ 린달균형에서 공공재 생산량은 최적 생산량이다.

07 국방에 대한 갑의 수요함수는 $Q=45-3P$, 을과 병의 수요함수는 각각 $Q=40-4P$이다. 국방의 한계비용이 25이면 사회적으로 적정한 국방수준과 갑, 을, 병이 각각 부담해야 할 몫은? (단, Q : 국방수준, P : 부담 몫)

① 국방 수준은 10, 갑은 23, 을과 병은 각각 15
② 국방 수준은 12, 갑은 11, 을과 병은 각각 7
③ 국방 수준은 12, 갑은 11, 을과 병은 각각 9
④ 국방 수준은 23, 갑은 21, 을과 병은 각각 20
⑤ 국방 수준은 23, 갑은 15, 을과 병은 각각 10

08 공공재에 관한 설명으로 옳은 것은?

① 국가가 제공하는 의료서비스나 주택서비스는 공공재이다.
② 공공재도 배제가 가능하면 민간에 의해 공급이 가능하다.
③ 클럽재는 혼잡재(congestion goods)의 일종으로 파레토 효율조건은 회원 수와 적절 시설규모 중의 하나만 반영해야 한다.
④ 부캐넌(Buchanan)의 클럽이론은 클럽을 구성하는 모든 소비자의 재화에 대한 이용행태가 모두 상이하다는 것을 전제로 한다.
⑤ 클라크세(Clarke tax)는 공공재 수요자의 진정한 선호를 이끌어내기 위한 제도로서 균형재정을 보장한다.

09 한 국가에서 세 개의 집단 A, B, C가 있고 각 집단의 공교육 지출 규모에 대한 선호는 다음과 같다. 다수결투표제를 통해 공교육 지출규모를 결정하는 경우 다음의 설명 중 옳은 것은? (단, 지출규모는 $x>y>z$ 순서다.)

	A	B	C
1순위	x	y	z
2순위	y	z	x
3순위	z	x	y

① 집단적 선호의 이행성은 충족된다.
② B가 가장 선호하는 안건이 선택된다.
③ 의사진행조작(agenda manipulation)의 문제가 발생한다.
④ 사회적 선호가 일관성 있게 결정된다.
⑤ 투표의 역설(voting paradox)현상은 발생하지 않는다.

10 투표거래(logrolling)에 관한 내용으로 옳지 않은 것을 모두 고른 것은?

(ㄱ) 소수자를 보호할 수 있다.
(ㄴ) 공공재 공급의 효율적인 결과를 낳을 수 없다.
(ㄷ) 재정지출규모가 억제되는 효과가 있다.
(ㄹ) 다양한 공공재를 공급하게 할 수 있다.
(ㅁ) 다수결투표제 하에서는 투표거래가 발생하더라도 선호의 강도가 반영될 수 없다.

① (ㄱ), (ㄴ), (ㄷ)　② (ㄱ), (ㄹ), (ㅁ)　③ (ㄴ), (ㄷ), (ㄹ)
④ (ㄴ), (ㄷ), (ㅁ)　⑤ (ㄴ), (ㄹ), (ㅁ)

11 공공선택에 관한 설명으로 옳지 않은 것은?

① 니스카넨(Niskanen) 모형에서 관료는 총편익과 총비용이 일치하는 수준까지 예산을 확대한다.
② 니스카넨 모형에서 관료는 과잉생산의 경향을 보인다.
③ 다운즈(Downs)의 득표극대화모형에서 정치가는 정부의 경제활동에 따른 순편익을 극대화하려 한다.
④ 미그-빌레인저(Migue-Belanger) 모형에서 공공서비스 생산은 니스카넨 모형보다 더 적다.
⑤ 특수이익집단이 갖는 강점은 구성원들이 공유하는 명백한 목적의식, 조직력, 높은 투표율 등이다.

12 피구(A. C. Pigou)의 공해세가 부과될 때 나타나는 효과로 옳은 것은?

① 공해세 부과는 사적 한계비용을 낮추어 상품가격을 하락시키는 결과를 초래한다.
② 공해세 부과는 사회적 한계비용을 높여 상품가격을 상승시키는 결과를 초래한다.
③ 공해세 부과는 사회적 한계비용을 낮추어 상품가격을 하락시키는 결과를 초래한다.
④ 공해세 부과에도 불구하고 상품가격이 불변이라면 그렇지 않은 경우보다 생산량이 크게 감소한다.
⑤ 공해세 부과의 가장 큰 장점은 공해를 완전히 제거하는 것이다.

13 외부성의 문제를 해결하는 방법으로 옳지 않은 것은?

① 오염 배출행위로 인한 사회적 피해액을 반영하여 조세를 부과하면 외부성의 해결이 가능하다.
② 일정량의 오염물질 배출을 허가하고 이 허가서의 거래를 가능하게 함으로써 외부성의 해결이 가능하다.
③ 세금부과로 효율적 산출량을 얻을 수 있으며 보조금 지급(보상)을 통해서도 효율적 산출량을 얻을 수 있다.
④ 시장을 이용하지 않고 정부가 직접 규제할 경우 더 많은 경제적 비용이 소요된다는 실증연구가 있다.
⑤ 공해유발기업의 평균비용과 시장수요에 대한 정확한 정보를 가지고 있다면 세금부과를 통하여 외부성을 해결할 수 있다.

14 시장에서 거래되지 않는 재화의 가치측정방법에 관한 설명으로 옳지 않은 것은?

① 환경과 같은 비시장재화의 가치 측정은 이중계산이나 과대계상의 위험성을 가지고 있다.
② 통계적 생명의 가치는 장래기대소득의 현재가치를 계산하는 방법을 이용하여 측정할 수 있다.
③ 환경의 가치를 설문조사나 주민들의 선호도 조사를 통해 측정하는 방법을 조건부가치평가법(CVM)이라고 한다.
④ 시간의 가치는 서로 다른 시간이 소요되는 상이한 교통수단에 지불되는 비용의 가치를 이용하여 평가할 수 있다.
⑤ 통계적 생명의 가치는 특정 사업장에서 발생할 수 있는 위험에 따른 임금격차 금액에 사망사고 발생확률을 곱하여 측정할 수 있다.

15 다음은 환경관련 기초시설 사업의 기간별 비용과 편익이다. 이 때 내부수익률은 얼마인가?

	0기	1기	2기
편익	0	15	18
비용	25	0	0

① 0.05 ② 0.08 ③ 0.10 ④ 0.15 ⑤ 0.20

16 소득재분배 정책에 관한 설명으로 옳지 않은 것은?

① 소비세를 재원으로 한 공공부조는 소득재분배 수단이 될 수 없다.
② 소비세보다 소득세를 징수하는 것이 소득분배의 공평성을 높일 수 있다.
③ 공공부조는 국가의 도움에 의존하려는 성향을 갖게 하는 문제점이 있다.
④ 부의 소득세 제도는 일정수준 이하 저소득층의 가처분소득을 증가시키는 효과가 있다.
⑤ 절대빈곤층을 대상으로 하는 공공부조는 대표적인 소득재분배 정책이다.

17 가격보조에 관한 설명으로 옳지 않은 것은?

① 소비자에게 가격보조를 하면 상품의 가격이 인상될 수 있다.
② 소비자에게 가격보조를 하든 생산자에게 가격보조를 하든 소비증대 효과는 동일하다.
③ 가격보조로 인해 소비가 증대되어도 후생비용은 발생하지 않는다.
④ 가격보조는 소비 촉진효과를 기대하고 도입한다.
⑤ 가격보조는 상품 한 단위당 정액으로 보조하거나 가격의 일정비율을 보조하는 방법이 있다.

18 일정 연령의 아동이 있는 저소득층 가구에게 교육바우처가 지급될 경우 발생할 수 있는 결과로서 옳지 않은 것은?

① 저소득층 가구의 사립학교 진학률이 높아질 수 있다.
② 저소득층 가구의 교육기회를 확대하는 효과가 있다.
③ 고소득층 가구의 공교육비 지출이 늘어난다.
④ 개인들의 선호에 따른 교육을 가능하게 한다.
⑤ 학교 간 경쟁이 가능하여 공교육의 수준을 높일 수 있다.

19 고용보험제도(실업보험제도) 실시의 영향으로 옳지 않은 것은?

① 불황일 때 유효수요를 줄여 경기를 위축시킨다.
② 고용보험의 급여수준이 증가하면 실업기간이 늘어나는 경향이 있다.
③ 고용보험 지급기간이 장기간인 국가일수록 실업률이 높아지는 경향이 있다.
④ 직업탐색 기간이 길어져 직업숙련도 및 기술에 보다 적합한 직업을 찾을 수 있다.
⑤ 고용이 안정적인 집단은 그렇지 않은 집단과 비교하여 상대적으로 불리할 수 있다.

20 A, B 두 투자 사업은 사업초기에 대부분의 비용이 발생하고, 사업기간은 각각 5년, 10년이다. 그리고 2%의 할인율 하에서 순현재가치(NPV)는 동일하며 내부수익률은 각각 5%와 3%이다. 다음 설명 중 옳지 않은 것은?

① A, B 모두 내부수익률이 할인율보다 높아서 사업추진이 가능하다.
② 내부수익률로 보면 A가 B보다 높아서 A를 선택한다.
③ A의 순현재가치와 B의 순현재가치가 같아서 현재가치법으로는 투자의 우선순위를 결정할 수 없다.
④ 현재가치법에 따르면 할인율을 4%로 하면 B의 순현재가치가 A보다 커져서 B를 선택한다.
⑤ 투자계획의 크기가 서로 다른 상황에서는 내부수익률만으로는 투자의 우선순위를 결정하는 경우 오류가 발생할 수 있다.

21 국채발행에 관한 설명으로 옳지 않은 것은?

① 이자율 상승은 국채의 시장가치를 하락시켜 정부부채를 줄이는 효과가 있다.
② 국채발행이 증가하면 이자율이 상승하고, 원화 환율이 하락하여 경상수지가 악화된다.
③ 러너로 대표되는 국채에 관한 전통적인 견해에 따르면, 내부채무의 경우 미래세대로 부담이 전가되지 않는다.
④ 리카도 대등정리에 의하면, 국채를 발행하는 경우 민간소비가 증가하여 총수요가 증가한다.
⑤ 리카도 대등정리가 성립하면, 국채상환에 대비한 저축이 증가하여 이자율이 오르지 않아서 구축효과가 발생하지 않는다.

22 비용체감산업에 관한 설명으로 옳지 않은 것은?

① 비용체감산업에서는 평균비용보다 한계비용이 낮다.
② 비용체감산업은 장기평균비용이 감소하는 특징을 나타낸다.
③ 한계비용 가격설정 방식에 따르면 손실이 발생하지 않는다.
④ 비용체감산업은 시간이 경과함에 따라 자연 독점화하는 경향을 보인다.
⑤ 비용체감산업은 초기에 대규모 설비투자가 요구되는 경향이 있다.

23 기존시설에 대한 초과 수요가 존재할 경우 이 시설을 가장 효율적으로 이용할 수 있도록 공공요금을 책정하는 방법은?

① 평균비용과 일치시키는 공공요금
② 평균비용에서 경제적 지대를 제외한 공공요금
③ 장기한계비용과 일치시키는 공공요금
④ 경제적 지대만큼의 공공요금
⑤ 한계비용에 경제적 지대를 추가한 공공요금

24 티부가설(Tiebout hypothesis)에 관한 설명으로 옳지 않은 것은?

① 지방공공재는 비례재산세에 의해 조달된다고 가정한다.
② 지방공공재의 외부효과가 존재하더라도 티부가설은 성립한다.
③ 발에 의한 투표(voting with the feet)에 의해 지방공공재에 대한 선호를 표출한다.
④ 티부가설이 성립하기 위해서는 충분이 많은 지역들이 존재해야 한다.
⑤ 균형상태에서는 지방공공재에 대한 선호가 비슷한 사람들끼리 모여 산다.

25 공평과세를 달성하기 위한 조세부과방식에 관한 설명으로 옳지 않은 것은?

① 담배는 외부불경제를 유발하기 때문에 담배소비세를 부과해야 한다.
② 고소득자는 부담능력이 커서 더 많은 조세를 부담해야 한다.
③ 자녀 등 부양가족이 많으면 부담능력이 줄어들어 조세를 적게 부담하도록 한다.
④ 자동차 소유자는 편익의 원칙에 따라 주행거리에 비례하여 자동차세를 부담해야 한다.
⑤ 지역의 공공서비스 편익을 많이 받는 사람이 지방세를 많이 부담해야 한다.

26 수요함수와 공급함수가 각각 다음과 같다. 생산자에게 개당 200원의 종량세를 부과하면 소비자와 생산자가 각각 부담해야 하는 세금의 크기는 얼마인가?

> 공급함수 : $P=Q$
> 수요함수 : $P=2{,}000-Q$

① 소비자 20원, 생산자 180원
② 소비자 50원, 생산자 150원
③ 소비자 100원, 생산자 100원
④ 소비자 150원, 생산자 50원
⑤ 소비자 180원, 생산자 20원

27 수요곡선이 완전 비탄력적이고 공급곡선이 탄력적인 상품에 종량세가 부과된 경우에 관한 설명으로 옳은 것은?

① 소비자 가격이 단위당 세액만큼 상승한다.
② 조세의 부담은 모두 생산자에게 귀착된다.
③ 조세의 부담은 소비자와 생산자에게 동일하게 귀착된다.
④ 물품세는 중립세이므로 조세의 전가는 발생하지 않는다.
⑤ 과세에 따른 초과부담으로 인하여 생산자, 소비자 모두 과세액 이상을 부담한다.

28 독점시장에서 시장수요곡선은 $Q=30-P$이고, 총비용곡선은 $TC=\frac{1}{2}Q^2+3$일 때 단위당 6의 물품세를 부과할 때, 소비자 잉여의 변화의 크기는?

① 15 ② 18 ③ 25 ④ 30 ⑤ 35

29 공급곡선이 우하향하는 상품에 종량세를 부과할 때 나타나는 현상으로 옳은 것은? (단, 이 상품은 정상재이고, 공급곡선의 기울기가 상대적으로 더 완만하다.)

① 소비자 가격이 상승한다.
② 초과부담이 발생하지 않는다.
③ 소비자 부담액은 조세부과액보다 작다.
④ 소비자 잉여는 불변이다.
⑤ 상품거래량은 증가한다.

30 두 재화 A와 B의 보상수요의 가격탄력성은 각각 3과 0.3이다. A재 가격은 1,000원, B재 가격은 500원이다. A재의 가격에 10%의 세금을 부과하였을 때, 효율성 상실을 극소화하기 위해서는 B재에 얼마만큼의 세금을 부과하여야 하는가? (단, A, B 두 재화는 서로 독립재이며 두 재화의 공급곡선은 완전탄력적이다.)

① 10원 ② 50원 ③ 100원 ④ 250원 ⑤ 500원

31 근로소득세의 후생비용을 결정하는 요인에 관한 설명으로 옳지 않은 것은?

① 근로소득세율이 높을수록 후생비용이 크다.
② 임금률이 높을수록 후생비용이 크다.
③ 임금총액이 클수록 후생비용이 크다.
④ 보상노동공급곡선의 탄력성이 클수록 후생비용이 크다.
⑤ 노동수요곡선의 탄력성이 적을수록 후생비용이 크다.

32 최적물품세에 관한 설명으로 옳지 않은 것은?

① 램지규칙은 파레토 효율적 조세가 아닌 차선의 조세를 찾는 이론이다.
② 램지규칙에 따르면 최적물품세는 모든 상품의 소비감소량이 같도록 부과되어야 한다.
③ 램지규칙에 따르면 상품수요의 가격탄력성이 반비례하도록 세율을 설정하는 것이 효율적이다.
④ 콜렛-헤이그(Corlett-Hague) 규칙에 따르면 여가와 보완관계에 있는 상품에 높은 세율을 부과하여야 한다.
⑤ 과세 후 총초과부담을 극소화하기 위하여 각 상품에 거두어들이는 조세수입의 한계초과부담이 서로 같아지도록 세율을 결정하여야 한다.

33 요소의 투입이 고정적일 때 다음 중 가장 효율적인 조세는? (단, X재 여가 보완재, Y재 여가 대체재)

① 비례적으로 부과하는 근로소득세
② X재에 대한 물품세
③ Y재에 대한 물품세
④ X재에 대한 높은 세율의 개별소비세
⑤ Y재에 대한 낮은 세율의 개별소비세

34 X, Y 두 산업으로 구성된 경제에서 생산요소 공급이 가변적인 경우, 노동집약적인 X재 산업에 물품세를 부과할 때 나타나는 효과로 옳지 않은 것은? (단, 요소시장과 생산물 시장은 완전경쟁적이며, r : 자본의 가격, w : 임금률이다.)

① X재 산업의 임금률은 하락한다.
② X재 산업에 물품세가 부과되었을 때 대체효과가 소득효과보다 크다면 노동공급량은 감소한다.
③ 물품세 부과에 따라 X재 상대가격이 상승하기 때문에 X재를 더 많이 소비하는 사람일수록 부담이 증가한다.
④ 생산요소공급이 고정적인 경우와 비교하면 물품세가 자본과 노동의 상대가격($\frac{w}{r}$)에 미치는 효과는 줄어든다.
⑤ 생산요소공급이 가변적이면 고정적인 경우에 비해 노동자본비율($\frac{L}{K}$)이 더 크게 상승한다.

35 소득세 부과가 가계의 저축에 미치는 영향으로 옳지 않은 것은?

① 저축에 대한 조세의 영향은 시점 간 자원배분 모형을 이용하여 분석될 수 있다.
② 근로소득세로 인해 가처분 소득이 감소할 때 대체효과가 발생한다.
③ 이자소득세는 저축을 감소시키는 대체효과와 저축을 증가시키는 소득효과를 동시에 발생시킨다.
④ 근로소득세 부과 시 세수의 전부를 정부저축으로 할당하면 경제 전체의 저축은 증가한다.
⑤ 이자소득세로 인해 미래소비보다 현재소비가 유리한 여건이 제공될 수 있다.

36 소비를 위해서 지출한 금액에 따라 부과하는 지출세(expenditure tax)에 관한 설명으로 옳지 않은 것은?

① 자동차와 같은 내구성 소비재를 구입하는 경우 연도별 지출규모의 산정이 어렵다.
② 지출세는 저축을 과세대상에서 제외함에 따라 부유층에 유리한 세제라는 인식이 있다.
③ 지출세는 현재소비보다는 미래소비를 우대하는 경향이 있다.
④ 지출세는 간접세의 일종으로 소득재분배 측면에서 역진성 문제를 야기할 수 있다.
⑤ 칼도(Kaldor)는 지출세가 사회로부터 가져가는 행위에 대해 과세하는 것이므로 공평성 측면에서 바람직하다고 주장했다.

37 법인세에 관한 설명으로 옳지 않은 것은?

① 현행 법인세제에서 허용하고 있는 정액법, 정률법 등에 따른 감가상각은 경제적 감가상각과 차이가 난다.
② 법인세가 경제적 이윤에 대한 과세성격을 갖는다면 조세부담은 전적으로 주주에게 귀착된다.
③ 법인세가 경제적 이윤에 대한 과세성격을 갖는다면 초과부담이 발생하지 않는다.
④ 법인세가 법인부문에 투입된 자본에 대한 과세이고, 법인부문이 노동집약적이라면 조세부담이 자본가에게 전가된다.
⑤ 법인세가 법인부문에 투입된 자본에 대한 과세라고 볼 때, 요소대체효과는 부문간 요소집약도 차이에 상관없이 자본의 상대가격을 떨어뜨린다.

38 정부가 세수 증대를 목적으로 비과세인 금융상품의 일부를 과세 대상으로 전환하였다. 이 정책이 해당 금융상품을 보유하고 있는 개인의 노동공급에 미치는 효과에 관한 설명으로 옳은 것은? (단, 여가는 정상재이다.)

① 여가는 감소하게 된다.
② 대체효과는 노동공급을 증가시킨다.
③ 대체효과는 노동공급을 감소시킨다.
④ 비과세금융상품에 대한 신규과세로 임금률이 변화한다.
⑤ 소득효과는 노동공급을 감소시킨다.

39 근로소득세가 노동공급에 미치는 영향에 관한 설명으로 옳지 않은 것은?

① 비례적인 근로소득세가 부과될 때 여가가 정상재라면 대체효과는 노동공급을 감소시키나 소득효과는 노동공급을 증가시킨다.
② 여가가 열등재일 때 근로소득세가 부과되면 대체효과가 소득효과보다 커서 노동공급이 증가한다.
③ 근로소득세가 노동공급에 미치는 영향을 분석하는 방법은 계량적 추정, 설문조사, 실험 등이 있다.
④ 여가가 정상재일 때 대체효과가 소득효과에 의해 거의 상쇄되면 노동공급곡선은 수직선에 가까운 형태를 보인다.
⑤ 실증연구결과에 따르면 가계의 주 근로소득자(primary worker) 들의 세율에 대한 노동공급탄력성은 비탄력적인 반면, 보조 근로소득자(secondary worker)들의 노동공급탄력성은 상당히 탄력적이다.

40 A국은 2014년부터 아래 그림과 같이 근로장려세제를 도입하기로 했다. 정부가 근로소득 1,100만원까지는 근로장려세를 100원당 40원씩 지급하고, 근로소득 1,500만원에서 3,700만원까지는 100원당 20원씩 줄여 지급한다. A국의 2014년에 예상되는 노동공급과 관련한 설명으로 옳은 것은? (단, 여가는 정상재이다.)

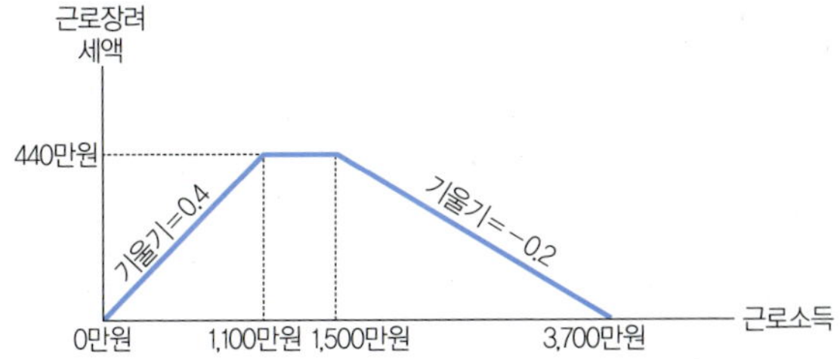

① 2013년 노동시장에 전혀 참여하지 않았던 사람은 소득효과의 크기에 따라 노동시장이 참여여부를 결정한다.
② 근로소득이 600만 원인 사람은 대체효과가 소득효과보다 크면 노동공급을 감소시킬 것이다.
③ 근로소득이 1,300만 원인 사람은 소득효과만 존재하므로 노동공급을 증가시킬 것이다.
④ 근로소득이 2,500만 원인 사람은 대체효과와 소득효과 모두 노동공급을 감소시킬 것이다.
⑤ 근로소득이 5,000만 원인 사람은 노동공급을 감소시킬 것이다.

2015 세무사 재정학
기출문제
해설과 답안

01	중요도	★★★★	난이도	★
	출제 포인트	시장실패		

▶ **시장실패에 관한 설명으로 옳지 않은 것은?**

① 시장실패는 정부개입의 충분조건을 제공한다.
② 시장실패는 자원배분의 비효율성을 초래한다.
③ 정보의 비대칭성이 시장실패를 야기할 수 있다.
④ 외부성의 존재로 인해 시장실패가 일어날 수 있다.
⑤ 시장이 완비되지 못한 경우 시장실패가 일어날 수 있다.

핵심체크

1. 시장실패 개념과 원인
(1) 개념 : 시장기구가 자원을 효율적이지 않게 배분하는 것
(2) 시장실패 원인
① 불완전경쟁 : 독점, 과점, 독점적 경쟁과 같은 시장구조는 완전경쟁이 아니므로 효율적인 자원배분을 하지 못함
② 공공재 : 소비의 비경합성(non-rivalry)과 배제불가능성(non-excludability)
③ 외부성 : 재화의 가격들이 정확한 기회비용을 반영할 때 자원배분이 효율적이지만, 외부성(제3자 효과)이 존재할 때 재화의 가격이 외부성을 제외한 기회비용만 반영하므로 비효율적 자원배분
④ 불확실성 : 애로우(K. Arrow)는 비록 불확실성이 존재해도 완벽한 조건부거래시장(perfect contingency market)이 존재하면 효율적 자원배분 가능함을 입증 그러나 완벽한 보험을 제공하는 것은 역선택과 도덕적 해이 때문에 불가능
⑤ 완비되지 못한 시장(incomplete markets)
- 민간부문에는 적절한 보험시장 불비
- 자본시장의 불비
- 보완적 시장(complementary markets)의 불비

⑥ 불완전한 정보
- 애컬로프(G.A. Akerlof, 1970)는 '개살구 시장(markets for lemons)' 모형에서 정보의 비대칭성때문에 중고차시장에서 개살구같이 겉만 괜찮아 보이는 차들이 잘 거래된다는 것을 보여 줌
- 좋은 중고차라도 판매자와 달리 구매자들은 그러한 정보를 정확히 가지지 못하기 때문에 더 높은 가격을 지불하지 않으려 하고 이에 따라 좋은 차가 제값으로 거래되지 못함

⑦ 비용체감산업 : 생산규모가 증가해도 오히려 평균비용과 한계비용이 감소하는 산업
- 가격을 한계비용에 설정하면 적자가 발생하여 생존할 수 없게 되며, 평균비용에 가격을 설정하면 비효율적으로 됨 (예) 전기통신, 전력, 가스, 철도 등

① 시장실패는 정부개입의 타당성(정당성)을 제공하지만 그렇다고 해서 문제를 완전히 해결하는 것은 아니다. 왜냐하면 정부실패가 존재하기 때문이다. 따라서 필요조건은 충족하지만 충분조건까지 제공하는 것은 아니다.
② 시장실패는 시장의 가격인 보이지 않는 손이 제 기능을 하지 못해 자원낭비(비효율성)를 초래한다.
③ 정보의 비대칭성은 역선택과 도덕적 해이로 인해 시장실패를 야기한다.
④ 외부성은 사회적 최적수준과 사적 최적수준의 괴리를 야기하여 비효율성을 유발한다.
⑤ 시장이 완비되지 못해 적절한 보험시장 불비, 자본시장 불비, 보완적 시장의 불비로 시장실패가 발생할 수 있다.

정답 ①

02	중요도	★★★★★	난이도	★★
	출제 포인트	사회후생함수		

▶ **사회후생함수에 관한 설명으로 옳지 않은 것은?**

① 롤즈(J. Rawls)의 사회후생함수는 레온티에프(Leontief) 생산함수와 동일한 형태를 가진다.
② 평등주의 사회후생함수는 모든 사회 구성원들에게 동일한 가중치를 부여한다.
③ 애로우(K. Arrow)의 불가능성 정리는 사회의 여러 상태를 비교, 평가할 수 있는 합리적이고 민주적인 기준을 찾을 수 없다는 것을 뜻한다.
④ 공리주의적 사회무차별곡선의 기울기는 −1이다.
⑤ 에지워드(F. Edgeworth)의 주장에 의하면, 소득의 재분배는 사회후생을 증가시킬 수 있다.

핵심체크

사회후생함수

1. 개념 : 사회구성원들의 효용을 그 사회전체의 총후생수준으로 나타내는 메커니즘 혹은 함수
2. 의미 : 각기 다른 개인들의 선호가 효용함수로 표현되듯이, 사회구성원들의 공평에 대한 선호가 하나의 함수로 표현
3. 형태 : 사회구성원들의 평등도에 대한 성향에 따라 달라짐
① 공리주의 : 두 사람 간의 효용이 어떻게 분배되는지 관계없이 단지 개인 효용의 합(기울기−1인 직선형 사회무차별곡선)
② 롤스주의 : 가장 불행한 사람의 효용수준이 사회후생결정(L자형 사회무차별곡선)
③ 평등주의 : 어떤 사람의 효용수준이 더 높을수록 더 작은 가중치 부여(원점에서 볼록한 사회무차별곡선)

① 롤스의 사회후생함수는 $SW=min(U_A, U_B)$로 L자 형태의 레온티에프 생산함수와 형태가 같다.
② 평등주의는 사회구성원들에게 다른 가중치를 부과한다. 모든 사회구성원들에게 동일한 가중치를 부여하는 것을 공리주의 사회후생함수이다.
③ 애로우의 불가능성정리는 후생경제학에서 꼭 필요한 합리적(완비성, 이행성, 파레토 원칙, 독립성)과 민주성(비독재성)을 모두 충족하는 사회후생함수는 존재하지 않는다고 증명했다.
④ 공리주의 사회후생함수는 $SW=U_A+U_B$가 되어 사회무차별곡선의 기울기는 −1이 된다.
⑤ 에지워드는 평등주의적 공리주의자로서 소득의 한계효용이 체감하는 경우에는 완전히 균등한 상태로 재분배를 하게 되면 사회후생이 극대가 될 수 있다는 극단적인 재분배를 주장하였다.

정답 ②

03	중요도	★★★★	난이도	★★★★
	출제 포인트	공리주의 최적 배분		

▶ **A와 B의 효용함수가 $U_A=20Y_A^2+Y_A+3$, $U_B=30Y_B^2+Y_B+2$로 주어져 있다(Y_A와 Y_B는 각각 A와 B의 소득). 공리주의에 의한 최적배분을 달성하기 위해서 총소득 100을 두 사람 사이에 어떻게 나누어야 적합한가?**

① $Y_A=40$, $Y_B=60$
② $Y_A=50$, $Y_B=50$
③ $Y_A=60$, $Y_B=40$
④ $Y_A=70$, $Y_B=30$
⑤ $Y_A=80$, $Y_B=20$

핵심체크

공리주의적 최적배분
(목적식) $Max\ SW=U_A+U_B$
(제약식) $\overline{Y}=Y_A+Y_B$

공리주의적 사회적 최적배분상태를 구하기 위해서는 소비자선택이론의 목적식과 제약식을 활용해야 한다.

목적식은 $Max\ SW=U_A+U_B=(20Y_A^2+Y_A+3)+(30Y_B^2+Y_B+2)$
제약식은 $\overline{Y}=100=Y_A+Y_B$

제약식의 값을 $Y_B=100-Y_A$로 전개해서 목적식에 대입하는 방법도 있겠지만, 경제학의 원리를 이용하면 두 사람의 한계비용이 동일할 때 최적이라고 할 수 있다.

따라서 $MU_A=40Y_A+1$, $MU_B=60Y_B+1$이 같아지는 $MU_A=MU_B$의 조건을 통해서 $40Y_A=60Y_B$를 얻을 수 있다. 이를 제약식과 같이 풀면 된다.

(목적식) $40Y_A=60Y_B$
(제약식) $\overline{Y}=100=Y_A+Y_B$
$\therefore\ Y_A=60,\ Y_B=40$

정답 ③

04	중요도	★★★★★	난이도	★
	출제 포인트	공공재		

▶ **공공재에 관한 설명으로 옳지 않은 것은?**

① 공공재는 높은 외부경제 효과가 발생하는 재화에 속한다.
② 비경합성이 강한 공공재일수록 공공재가 주는 사회적 편익의 크기는 더 커진다.
③ 비배제성이 강한 공공재일수록 공공재의 공급비용이 더 크다.
④ 공공재의 생산을 정부가 직접 담당하지 않고 민간에 위탁하는 경우도 있다.
⑤ 공공재의 무임승차 문제는 자원배분의 효율성을 저해한다.

핵심체크

공공재의 특성: 공공재는 외부경제를 가진 재화
(1) 소비의 비경합성(non-rivalry)
① 다른 사람의 소비 가능성이 줄어들지 않음
② 일정한 양의 공공재가 생산되면 모든 사람들이 바로 그만큼 공공재 소비 가능
③ 추가적인 한계비용=0
■ 사회적 관점에서 볼 때 소비하는 사람의 수가 많아질수록 더 바람직하다는 의미
(2) 배제불가능성(non-excludability)
① 대가를 지불하지 않는 사람도 그것을 소비할 수 있다는 의미
② 양(+)의 가격을 부과하려고 해도 불가능하다는 의미
■ 비경합성의 경우는 양의 가격을 부과하는 것이 바람직하지 않다는 의미(주의!)

① 공공재는 긍정적인 외부성인 외부경제효과가 큰 재화라고 할 수 있다.
② 비경합성이 큰 공공재일수록 많은 사람들이 더 소비에 참여하게 되면 추가적인 비용증가 없이도 효용이 증가하므로 사회적 편익의 크기를 커진다.
③ 공공재에서 비배제성이 강할수록, 즉 배제를 하기 어려울수록 공공재 생산(공급)비용이 더 들어가는 것은 아니다.
④ 공공재는 공동으로 소비할 수 있으면 공공재라고 할 수 있다. 따라서 민간이 생산한 박물관 같은 것도 공동으로 소비할 수 있으면 공공재가 된다.
⑤ 공공재는 비배제성으로 인한 무임승차 문제로 인해서 시장실패가 발생한다.

정답 ③

05	중요도	★★★★★	난이도	★★
	출제 포인트	공공재 최적 수준 계산		

▶ 갑, 을, 병, 정 4명의 주민이 살고 있는 마을에 공동으로 방범용 가로등을 설치하고자 한다. 가로등의 개당 설치비용은 100만원으로 일정하고, 가로등에 대한 주민들의 수요(D)는 아래 그림과 같다고 할 때 적정 공급량은 얼마인가?

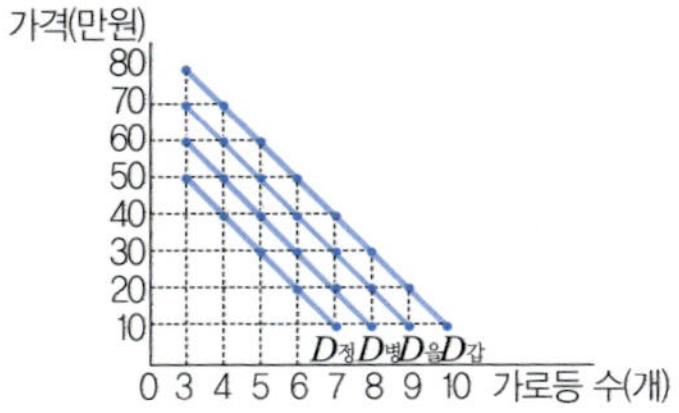

① 3개
② 4개
③ 5개
④ 6개
⑤ 7개

핵심체크

공공재의 최적 공급조건

1. 부분균형 모형 : 보웬(부담액), 린달(부담비율)

① 모든 개인소비자들에 대한 한계편익의 합계와 한계비용이 같을 때 공공재의 최적 공급규모가 결정됨

② 최적 공급조건

$\Sigma MB_Z = MC_Z$

(단, MB : 한계지불용의액(한계편익), MC : 한계비용을 의미)

2. 일반균형 모형 : 사무엘슨 조건

$\Sigma MRS_{ZX} = MRT_{ZX}$ (단, Z: 공공재, X: 사용재)

마을에 설치하는 방범용 가로등은 공공재가 된다. 공공재의 최적 공급량은 부부균형분석과 일반균형분석으로 나누어서 볼 수 있다. 문제에서는 공공재만 제시되어 있으므로 공공재만 고려하는 부분균형모형을 적용하면 된다.

보웬 모형에서는 공공재 소비에 대한 부담액을 결정할 수 있으며, $\Sigma MB_Z = MC_Z$의 조건을 충족하는 상태라고 할 수 있다. 가로등의 개당 설치비용이 100이라고 했으므로, $MC = 100$이 된다.

따라서 $MB_Z^1 + MB_Z^2 + MB_Z^3 + MB_Z^4 = 100$이 되어야 하므로 $Z = 7$일때, 갑(40)+을(30)+병(20)+정(10)이 된다.

정답 ⑤

05	중요도	★★★★	난이도	★★
	출제 포인트	공공재의 최적 수준 계산		

▶ A와 B 두 사람만 사는 섬에 공동 대피동굴을 파기로 했다. 동굴의 깊이(D미터)에 대한 A의 총효용함수는 $U_A=50+100D-D^2$, B의 총효용함수는 $U_B=30+40D-\frac{1}{2}D^2$로 표시된다고 한다. 동굴을 파는 총비용함수는 $C=100+0.5D^2$으로 주어져 있다. 동굴의 최적 깊이는 얼마인가?

① 20미터
② 30미터
③ 40미터
④ 50미터
⑤ 70미터

핵심체크

공공재의 최적 공급조건
$\Sigma MB_Z=MC_Z$

A와 B만 존재하는 섬에서 공동 대피동굴은 공공재와 같은 성격을 지닌다. 동굴의 깊이에 따른 A의 총효용은 $U_A=50+100D-D^2$이므로 한계효용은 $MU_A=100-2D$가 된다.

B의 총효용은 $U_B=30+40D-\frac{1}{4}D^2$이이므로 한계효용은 $MU_B=40-\frac{1}{2}D$가 된다.

한편 동굴을 파는데 들어가는 총비용함수가 $C=100+0.5D^2$이므로 한계비용은 $MC=D$가 된다.

따라서 공공재의 최적 공급은 $\Sigma MU=(100-2D)+(40-\frac{1}{2}D)=MC=D$가 되어 $D=40$이 된다.

그림에서 보면 E점이 균형점이 된다. 두 사람의 공공재에 대한 한계편익이 차이가 나기 때문에 사회적인 전체 편익의 합은 굴절된 형태의 곡선이 된다.

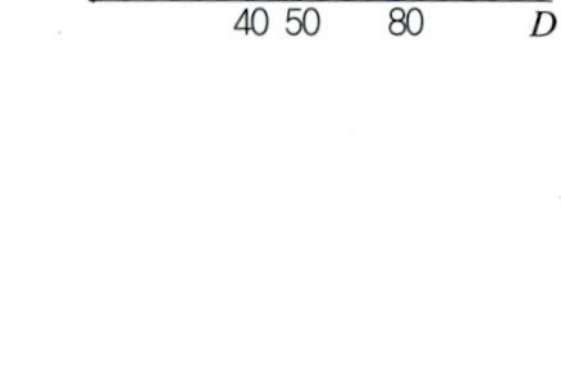

정답 ③

07	중요도	★★★★★	난이도	★
	출제 포인트	수요표출 메커니즘(클라크 조세)		

▶ **클라크 조세에 관한 설명으로 옳지 않은 것은?**

① 개인들이 공공재에 대한 선호를 자발적으로 나타내도록 유인하는 수요표출 메커니즘의 일종이다.

② 공공재가 과다 공급되는 것을 방지하기 위한 수단이다.

③ 한 개인에게 부과되는 조세의 크기는 그가 시현한 수요와는 무관하게 결정된다.

④ 한 개인에게 부과되는 조세의 크기는 그의 공공재 추가소비가 다른 모든 사람들에게 미치는 소비자 잉여의 순손실과 동일하다.

⑤ 클라크 조세제도 하에서는 자신의 진정한 선호를 표출하는 것이 최선의 전략이다.

핵심체크

수요표출기구(demand revelation mechanism)

1. 의의

① 진정한 선호를 표출하도록 유도

② 공공재 생산수준의 결정방식은 공공재의 순편익(=총편익−총비용)을 극대화하는 문제

$$Max\sum_{i=1}^{n}V_i(Z)-cZ$$

2. 클라크세(Clarke tax)

어떤 사람이 부담해야 할 세금의 크기는 남들이 표출한 선호에만 의존하고 자신이 표출한 선호와는 무관해야 함

$$T_j=cZ^*-\sum_{i\neq j}V_i(Z^*)+g(V^{-j})$$

① 수요표출메커니즘의 하나인 클라크 조세는 공공재에 대한 자신의 진정한 선호를 표출하는 것이 가장 유리하도록 고안한 장치를 말한다.

② 공공재의 경우는 무임승차문제가 발생할 수 있다. 사람들은 자신의 진정한 선호를 표출하기보다 과소 표출하여 무임승차 혜택을 누리려고 하다. 따라서 수요표출메커니즘은 공공재의 과소공급을 방지하기 위한 수단이라고 할 수 있다.

③ 한 개인에게 부과되는 조세의 크기는 남들이 표출한 선호에만 의존하고 자신이 표출한 선호와는 무관해야 한다는 것이다.

④ 클라크세의 원리는 공공재 추가적인 소비를 선택함에 따라서 자신 이외의 다른 관련된 사람들에게 미친 잉여의 편익과 손실의 차이인 순손실의 크기만큼 조세를 부과하게 된다.

⑤ 클라크 조세제도 하에서는 자신의 선호를 왜곡하며 오히려 손해를 보고, 아무런 이득을 얻지 못하기 때문에 진정한 선호를 표출하는 것이 우월전략이 된다.

정답 ②

08	중요도	★★★★★	난이도	★★★
	출제 포인트	중위투표자 정리		

▶ **중위투표자 정리에 관한 설명으로 옳지 않은 것은?**

① 모든 투표자의 선호가 단봉형일 때 성립한다.

② 다운즈(A.Downs)의 표극대화모형에 따르면, 정치가는 중위투표자의 지지를 얻어야 한다는 것을 해석할 수 있다.

③ 중위투표자 정리에 따르면, 동일 차원의 선택 대안에 대해서는 투표의 역설이 발생한다.

④ 양당제에서 성향이 상반된 두 정당의 선거공약이 유사해지는 것과 관련이 있다.

⑤ 중위투표자 정리에 의한 정치적 균형이 항상 파레토 효율성을 달성하는 것은 아니다.

핵심체크

1. 중위투표자이론

(1) 개념 : 모든 사람의 선호가 단봉형 선호를 나타낼 경우 과반수투표제에 의한 의사결정방식은 항상 중간에 위치한 사람(중위투표자)이 가장 선호하는 안건이 채택됨

(2) 시사점

① 단봉선호 충족조건 필요 ② 과반수제 적용 시 성립 ③ 중위투표자의 선호

2. 다운즈 모형

① 정치가는 득표를 극대화(정치가라면 투표자의 의사를 충실하게 반영 노력)

② 투표자가 공공재편익을 과소평가하면 정치가는 공공재의 과소공급 지지

③ 최소차이의 원칙(호텔링의 원칙) : 중위투표자의 표를 얻기 위해 각 정당들의 정강이 유사해짐

① 중위투표자 정리(median voter theorem)란 비용부담의 몫을 미리 설정해놓고 다수결 투표에 붙일 경우에 중간 수준의 공공재를 원하는 중위투표자의 선호가 채택되는 것을 말한다. 중위투표자 정리는 모든 투표자의 선호가 단봉형일 때 성립한다.

②, ④ 다운즈의 표 극대화 모형에 의하면 표를 극대화하려는 정치가의 경우에는 중위투표자의 지지를 얻어야 하기 때문에 양극단의 좌우정책보다는 중도에 위치하려는 성향을 보이게 된다. 이러한 내용을 호텔링 정리(hotelling theorem)라고 하는데, 이를 설명하는데 중위투표자 원리가 적용된다. 특히 양당제의 성향이 상반된 두 정당의 선거공약은 표를 극대화하기 위해서 유사해지는 결과를 초래하게 된다.

③ 다수결의 원리에서는 중위투표자의 선호를 반영하는 공공재 공급규모가 전체 투표자 선호의 평균치와 일치하게 된다면 다수결투표에 의한 결과가 최적규모의 결정으로 이어지게 되는데 이는 공공재에 대한 선호가 한계혜택의 평균치를 중심으로 정규분포를 이루고 있는 경우이다. 이런 경우에는 투표의 역설이 발생하지 않게 된다.

⑤ 재정학 시험에서 "반드시 ~은 아니다"라는 식의 표현은 대부분 맞는 것으로 봐도 된다. 다수결투표의 결과가 과연 효율적이고 사회적으로 바람직한가의 문제는 반드시 그렇지 않을 수도 있다.

공공재 이론에서 적정 공급량은 $\Sigma MB = \Sigma D = MC$에서 결정된다. 이를 보웬모형이라고 볼 수 있다.

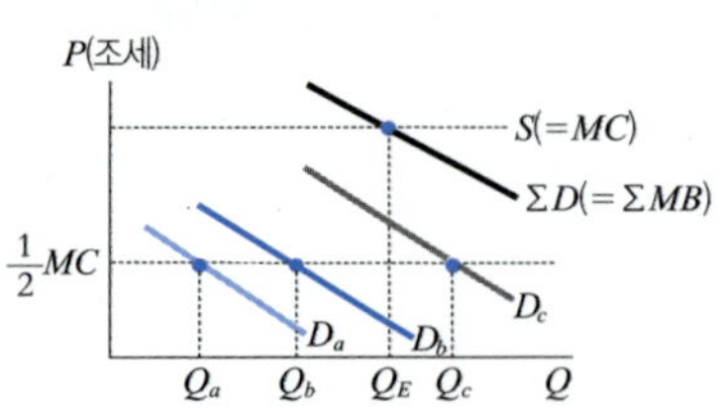

그림에서 Q_E가 바로 그러한 점에 해당하는 파레토 효율적인 최적 규모라고 할 수 있다. 그런데 이 Q_E는 중위투표자가 선호하는 Q_b와 반드시 일치하는 것은 아니다. 따라서 다수결투표하에서 각자에게 동일한 세금을 부과하는 것은 경제적으로 효율적인 최적 공급량 수준이 된다는 보장은 없다.

정답 ③

09	중요도	★★★	난이도	★★
	출제 포인트	투표의 역설		

▶ **복지-부담 정도에 관한 선호 체계 중 투표의 역설을 일으키는 사례를 모두 고른 것은?**

구분	순위	A	B	C
사례 I	1 2 3	저부담-저복지 중부담-중복지 고부담-고복지	고부담-고복지 중부담-중복지 저부담-저복지	중부담-중복지 고부담-고복지 저부담-저복지
사례 II	1 2 3	저부담-저복지 중부담-중복지 고부담-고복지	고부담-고복지 저부담-저복지 중부담-중복지	중부담-중복지 고부담-고복지 저부담-저복지
사례 III	1 2 3	고부담-고복지 중부담-중복지 저부담-저복지	중부담-중복지 고부담-고복지 저부담-저복지	저부담-저복지 고부담-고복지 중부담-중복지

① 사례 I ② 사례 II ③ 사례 III ④ 사례 I, 사례 II ⑤ 사례 II, 사례 III

핵심체크

과반수제
① 다수의 횡포
② 투표의 역설(일관성 없는 결과, 의사진행 조작) ➡ 단봉형선호조건 미충족시 발생
③ 이행성 위배

사례 I	사례 II	사례 III
A: 저>중>고 B: 고>중>저 C: 중>고>저	A: 저>중>고 B: 고>저>중 C: 중>고>저	A: 고>중>저 B: 중>고>저 C: 저>고> 중
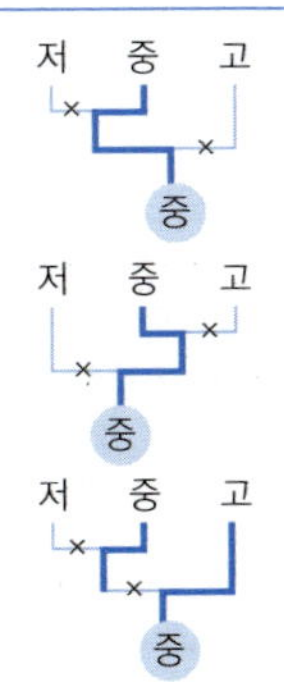	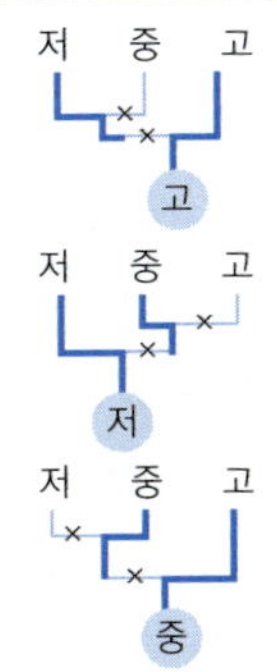	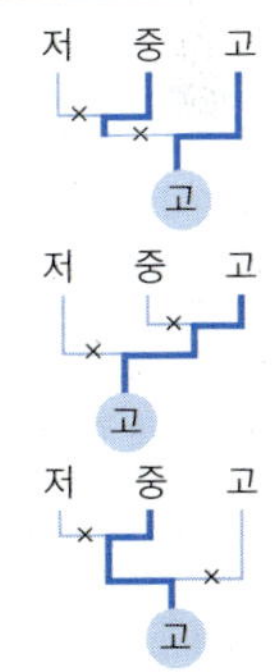

정답 ②

10	중요도	★★★★★	난이도	★★
	출제 포인트	외부성의 내부화		

▶ **외부성의 내부화에 관한 설명으로 옳은 것은?**

① 공해를 줄이는 기업에 대해 저감된 공해단위당 일정금액의 보조금을 지급하는 경우, 단기적으로는 배출단위당 같은 금액의 환경세를 부과하는 경우와 공해저감효과가 동일하다.

② 배출권거래시장이 형성되기 위해서는 허용된 배출량까지 공해를 저감하는데 있어서 공해유발자들의 한계비용에 차이가 없어야 한다.

③ 코즈(R. Coase)정리는 협상당사자가 많아 협상비용이 과다한 경우라도 당사자 간의 자발적인 협상에 의해서 효율적 자원배분이 이루어질 수 있다는 것이다.

④ 여러 공해유발자들에 대하여 법으로 동일한 규모의 배출한도를 설정하는 것은 행정적으로 가장 간단하면서도 효율적이다.

⑤ 피구세(Pigouvian tax)는 교란을 일으키지 않는 중립세이다.

핵심체크

외부성 해결방식

- 시장을 활용한 방식 : 환경세, 오염허가서, 피구적 보조금, 소유권의 확립, 적절한 유인을 통해 오염배출자 스스로 배출의 억제 유도 (➡ 요구되는 정보의 양이 상대적으로 적음. 장기적으로 효율적이고 경제적인 정화기술의 개발촉진)
- 비시장적 해결방식 : 직접 규제(환경기준, 배출허용기준)

① 환경오염에 대한 외부성을 내부화시키는 방법으로 시장을 활용한 방법 중에서 피구세를 부과하거나 보조금을 지급하는 방법이 있다. 이 둘의 오염배출량을 최적수준으로 규제하는 데는 동일한 효과를 얻게 된다. 그렇지만 조세의 경우 조세수입이 정부에 들어와 정부는 재정수지 흑자를 기록하게 되는데, 보조금을 지급하게 되면 정부는 재정적자를 보게 되고, 이러한 재정적자를 다시 만회하기 위해서 정부는 다른 곳에서 세금을 거두어 보조금을 위한 재원을 마련해야만 한다. 따라서 조세와 보조금은 경제전체적인 측면에 미치는 영향이 다르게 된다. 그렇지만 오염물질을 통제한다는 측면에 한해서 보게 되면 동일한 효과를 거둔다고 할 수 있다. 따라서 문제의 지문을 잘 보면 "단기적으로는"이라는 표현에 유의해야만 한다. 단기적으로는 공해물질을 절감하는데 조세와 보조금은 동일한 효과를 거둔다.

② 배출권거래시장은 오염배출권을 해결하기 위한 시장원리를 활용하는 것이다. 이것은 오염물질을 배출할 수 있는 권리(라이선스)를 부과하여 이를 보유한 기업들이 보유한 크기만큼 오염물질을 배출할 수 있도록 허용하는 것이다. 기업에 따라서는 공장이 최신식이므로 오염물질을 절감하는데 비용이 적게 들 수도 있고, 오래된 공장시설을 가진 경우에는 오염물질 절감에 큰 비용이 들어갈 수 있다. 이렇게 공해 유발자들 간에 한계비용의 차이가 커야 시장에서 오염배출권은 활발하게 거래가 이루어질 것이다(참고로 수업시간에 언급한 컨닝 쿠폰을 생각하면 쉽게 해결할 수 있다).

③ 코즈 정리가 성립하기 위해서는 협상당사자가 적어야 한다. 왜냐하면 협상을 하는데 발생하는 거래비용이 매우 크게 되면 자발적인 협상이 효율적으로 이루어질 수 없기 때문이다. 따라서 거래비용이 적어야 하고, 관련된 협상 당사자들이 적어야 자발적인 협상에 의해서 효율적인 자원배분이 이루어질 수 있다.

④ 공해유발자들마다 오염물질을 줄이는데 한계비용이 다를 수 있다(소비자들이 선호가 다른 것과 같이). 그런데 개별기업들의 능력을 고려하지 않고 동일한 규모의 배출한도를 설정하게 되면 행정적으로 간단한 방법이라고 할 수 있으나 효율적이 방법이라고는 볼 수 없다.

⑤ 피구세는 시장실패를 치유하는 교정적 과세라고 할 수 있다. 그렇지만 시장에 차별적인 과세로 공해유발기업들에게 부과하는 것으로 교란을 일으키기 때문에 중립세라고 할 수 없다.

정답 ①

11	중요도	★★★★★	난이도	★★★★
	출제 포인트	피구보조금 계산		

▶ **연탄시장은 완전경쟁시장이며, 수요곡선이 $Q=200-P$, 단기공급곡선이 $Q=P-100$이라고 한다. 연탄제조과정에서 발생하는 분진에 따른 사회적 한계피해액(MD)은 $MD=\frac{Q}{2}$이다. 연탄생산량 감축에 따른 피구 보조금(Pigouvian subsidy)을 지급한다고 할 때, 생산량 감축 단위당 보조금의 최적수준은 얼마인가?**

① 5
② 10
③ 15
④ 20
⑤ 25

핵심체크

피구세, 피구보조금, 환경세, 환경보조금이라고도 함
➡ 세율이나 보조금은 최적 배분상태에서 오염물질이 초래하는 한계피해액과 일치

문제는 피구보조금을 묻고 있으나, 보조금과 피구세의 효과는 동전의 양면과 같이 동일하기 때문에 결국 문제는 피구세를 구하라는 것과 같다고 볼 수 있다.

그림에서 $SMC=PMC+MD=\frac{3}{2}Q+100$

사회적인 최적조건은 $SMC=SMB$가 되어야 한다. 현재 공급측면에서 환경오염으로 인한 비용유발로 공급곡선에서 괴리가 발생했기 때문에 $SMC\neq PMC$가 되지만, 수요측면에서는 아무런 괴리가 발생하지 않았기 때문에 $SMB=PMB=D$라고 할 수 있다. 따라서 수요곡선은 $Q=100-P$가 되므로 P로 정리해서 SMC와 같게 놓고 문제를 풀면 된다.

정리하면 $SMC=\frac{3}{2}Q+100=200-Q$가 되고 연립해서 풀면 $Q=40$이 사회적으로 최적 생산량이 된다. 이때 피구세는 최적생산량 수준에서 공해유발 한계피해액과 같으므로 에 대입하면 20이 된다.

문제는 생산량 단위당 보조금의 최적 수준을 묻고 있지만, 앞에서 언급한 바와 같이 피구세와 같은 크기가 된다.

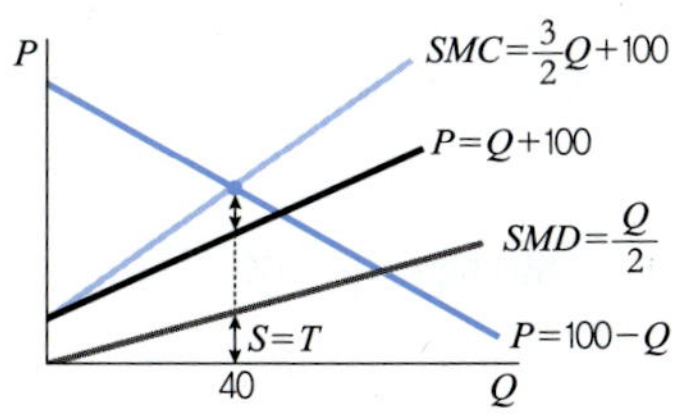

정답 ④

12	중요도	★★★★★	난이도	★
	출제 포인트	피구세 계산		

▶ **완전경쟁시장에서 정부가 오염물질배출 재화의 소비를 감소시키기 위해 다음과 같이 만큼 종량세를 부과하였다. 다음 중 옳지 않은 것은? (단, :사회적 한계비용, : 개인적 한계비용)**

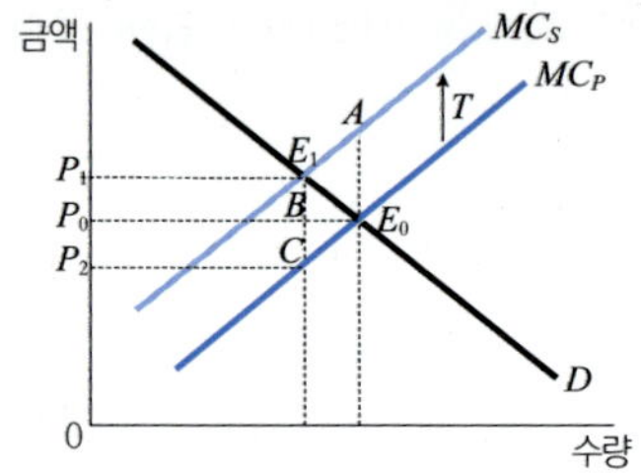

① 소비자잉여 감소분 : $P_1P_0E_0E_1$
② 생산자잉여 감소분 : $P_0P_2CE_0$
③ 조세수입증가분 : $P_1P_2CE_1$
④ 사회적 한계피해액의 감소분 : E_1CE_0
⑤ 사회적 순잉여 증가분 : AE_1E_0

핵심체크

핵심 학습

1. 외부성과 자원배분
① 소비의 외부성 : 사적 한계편익±외부성=사회적 한계편익
② 생산의 외부성 : 사적 한계비용±외부성=사회적 한계비용
③ 문제의 핵심은 환경의 소유권 부재로 비효율적 자원배분

조세부과 이전의 최적생산량은 E_0이다. 외부성을 내부화하기 위해서 정부가 피구세를 T만큼 부과하게 되면 사적한계비용(MC_P)과 사회적한계비용(MC_S)가 일치하게 되어 최적수준에 도달하게 된다. 이때 소비자 잉여와 생산자 잉여를 살펴보면 다음과 같이 그림으로 나타낼 수 있다. 주의해야 할 것은 최적수준 E_1에서 봤을 경우에는 현재 오염물질 배출로 인해서 과다생산해서 사회적 한계피해액이 그림에서 볼 때 $-(E+F-G)$라고 할 수 있다.

	피구세 부과 이전	이후
소비자 잉여	$A+B+E$	A
생산자 잉여	$C+D+F$	D
조세수입		$B+C$
사회적 한계피해액	$-G-E-F$	
사회적 순잉여	$A+B+C+D-G$	$A+B+C+D$

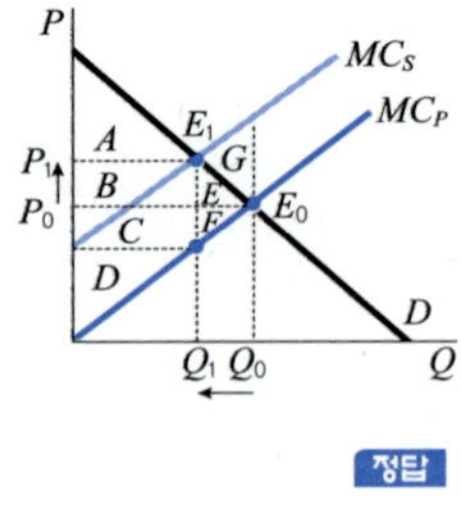

정답 ④

13	중요도	★★★★	난이도	★★★
	출제 포인트	사회보장제도		

▶ **사회보장 및 사회보험 관련 설명으로 옳은 것은 모두 몇 개인가?**

(ㄱ) 절대빈곤의 기준소득은 중위소득이다.
(ㄴ) 빈곤갭(poverty gap)은 빈곤가구의 소득수준을 빈곤선 수준까지 끌어올리는데 필요한 총소득이다.
(ㄷ) 도덕적 해이로 인해 실업급여가 많을수록 실직기간이 길어질 수 있다.
(ㄹ) 국민연금의 재원조달방식 중 부과방식은 적립방식에 비해 지불능력이 더 안정적이다.
(ㅁ) 근로장려세제는 공적 부조의 문제 중의 하나인 근로의욕의 저하를 해결하기 위하여 도입한 세제이다.

① 0개 ② 1개 ③ 2개 ④ 3개 ⑤ 4개

핵심체크

재분배정책
(1) 누진세 제도
(2) 사회복지제도=사회보험(기여원칙)+공공부조(비기여)+사회복지서비스(비기여)
① 사회보험제도 : 민간부문의 보험과 비슷하게 운영하면서, 제한적으로 재분배 효과 추구
② 공공부조 : 극빈계층에 초점(인간다운 생활 권리), 재분배효과 극대화, 국민기초생활보장제도
③ 사회복지서비스 : 취약계층에 초점(장애인·노인·아동 등의 시설이용과 경비부조)

(ㄱ) 절대빈곤의 기준소득은 다양한 방식으로 기준을 설정할 수 있다.
- 절대적이고 객관적 기준 : 라운트리 방식으로 기본적이 필요가 구체적으로 무엇을 의미하는지 불분명한 한계가 있음
- 상대적으로 객관적인 기준 : 평균소득 혹은 중위소득(median income)의 일정비율을 빈곤선으로 결정 (➡ 문제에서는 중위소득의 일정비율(50%, 2/3수준)이 아닌 그냥 중위소득이라고 했으므로 틀린 지문이 된다.)
- 주관적인 기준 : 설문조사에 입각한 것으로 라이덴 방식
- 정책적인 빈곤선(공식빈곤선): 어떤 사회의 전반적인 경제적 능력과 그 사회의 빈곤을 퇴치하고하 하는 의지가 중요

(ㄴ) 빈곤갭은 최소한의 생활수준인 빈곤선에 얼마나 소득이 미치지 못하는가를 의미한다. 예를 들어 한 달에 빈곤선의 소득수준이 100만 원이라고 한다면 현재 소득수준이 80만 원이라고 할 때, 그 차이인 20만 원이 빈곤갭이 된다.
(ㄷ) 도덕적 해이로 인해서 실업급여가 많게 되면, 예를 들어 실업급여가 한 달에 100만 원인데, 취업을 했을 경우 하루에 8시간을 일했는데도 불구하고, 요즘 같은 상황에 월급이 "120만 원+열정페이"를 제공하게 되면 그냥 실업급여를 받는 게 더 낫다고 판단하여 계속 실업상태에 머무를 유인을 제공한다.
(ㄹ) 국민연금의 재원조달 방식에는 적립방식과 부과방식이 있는데, 적립방식은 부과방식보다 기여의 원칙에 가깝기 때문에 지불능력의 문제를 일으키지 않게 된다. 지문은 반대로 설명하고 있어 틀린 표현이 된다.
(ㅁ) 근로장려세제(EITC)는 공적부조의 하나로 소득이 적어서 생활이 어려운 근로자 가구에 대해서 생계비를 보조해주는 제도이다. 주로 근로 빈곤층(working poor)인 일을 하고 있지만, 빈곤에서 벗어나지 못하는 계층을 대상으로 하는 것으로 근로소득이 있는 경우에만 보조금을 지급한다. 따라서 저소득층의 근로유인을 높이는 효과를 가진다.

정답 ④

14	중요도	★★★	난이도	★★★
	출제 포인트	로렌츠 곡선		

▶ 다음 로렌츠 곡선에 관한 설명으로 옳지 않은 것은? (단, 전체 인구는 불변이라고 가정)

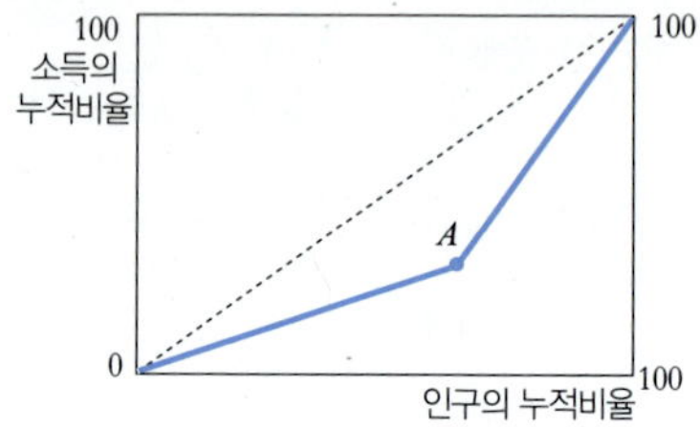

① 로렌츠 곡선상의 A점이 원점을 지나는 대각선에서 멀어질수록 지니계수가 커진다.
② 이 사회에는 두 개의 소득계층이 존재한다.
③ 로렌츠 곡선을 구성하는 두 개 직선의 기울기 차이가 커질수록 계층 간 소득격차가 작아진다.
④ 각 소득계층 내에서 개인의 소득수준은 모두 같다.
⑤ 저소득계층의 소득점유비중과 인구비중이 동시에 증가할 경우 지니계수는 커질 수 있다.

핵심체크

로렌츠 곡선

(1) 개념 : 한 사회에서 소득이 낮은 계층부터 높은 계층의 순서대로 배열하여 하위 몇 %가 차지하는 전체소득 중의 비율을 나타내는 점들을 이어 놓은 곡선

(2) 성격 : ① 서수적 성격 ② 교차 시 판단 불분명(반드시 그림을 통해 이해할 것)

(3) 판단 : 대각선에서 멀수록 불평등

① 로렌츠 곡선은 A점이 원점을 지나는 대각선(완전균등)에서 멀어질수록 불평등하게 된다. 로렌츠 곡선에서 면적으로 나타낸 지니계수는 불평등지수이므로 불평등이 커질수록 지니계수도 커진다. "불평등을 지닌 앳킨슨 !"

② 그림에서는 현재 두개의 소득 계층이 존재한다. 인구의 대략 70%까지는 전체 소득 40%를 균등하게 나눠 가지고 있으며, 나머지 30%는 전체 소득의 60%를 균등하게 나누어 가지고 있다.

③ 로렌츠 곡선을 구성하는 두 개의 직선의 기울기 차이가 커질수록 계층 간의 소득격차는 더욱 벌어진다.

④ 현재 두 계층(부자, 빈자)으로 크게 나누어있는데, 각 계층에 속한 사람들 간에는 모두 소득수준이 동일하게 분포되어 있다.

⑤ 저소득계층의 소득점유비중과 인구비중이 동시에 증가한다는 것은 A점이 좀 더 우측으로 이동한다는 것을 의미하므로 이는 불평등이 더욱 심화된다는 것을 의미하고, 지니계수도 커질 수 있다.

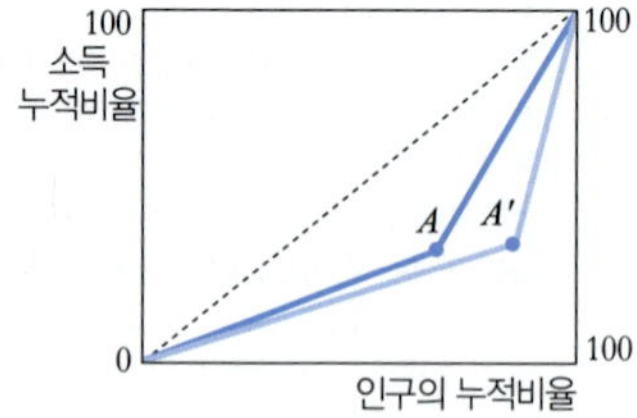

정답 ③

15	중요도	★★★★★	난이도	★★★★
	출제 포인트	부의 소득세제		

▶ **음(−)의 소득세제(negative income tax)가 $S=b-tE$로 주어졌을 때의 설명으로 옳지 않은 것은? (단, S: 보조금, b: 기초수당, t: 한계세율, E: 스스로 벌어들인 소득)**

① b가 30만 원, t가 0.1일 때, E가 300만 원이면 보조금 혜택이 중단된다.
② 일반적으로 이 제도를 설계할 때의 기본적인 선택변수는 b와 t이다.
③ b가 30만 원, t가 0.2일 때 보조금을 받기 위해서 E는 150만 원 미만이어야 한다.
④ 다른 조건이 일정할 때, b가 클수록 재분배효과가 작아진다.
⑤ 다른 조건이 일정할 때, t가 인하되면 보조금이 늘어난다.

핵심체크

부의 소득세제
- 보조금=선형 세율구조+최소한의 기초수당 보장
- 한계세율에 따라서 보조금이 축소
- 효율성(한계세율 t의 크기), 공평성(기초수당 b의 크기) → b와 t를 동시에 선택 어려움

① $S=b-tE$에서 $S=0$가 되는 소득은 $0=b-tE$인 경우로 $E=\frac{b}{t}$에서 보조금의 지급혜택이 0이 된다. 따라서 $b=30$, $t=0.1$인 경우에는 $E=300$에서 보조금이 0이 된다.

② 부(음, −)의 소득세제를 운영할 때 기본적인 선택변수는 b, t가 된다. b는 재분배를 나타내고, t는 한계세율로 효율성을 나타낸다. 부의 소득세의 문제점은 운영에 사용할 수 있는 재원이 고정된 상황에서는 기초수당과 한계세율을 동시에 원하는 수준으로 선택할 수 없다는 것이 문제이다.

③ $b=30$, $t=0.2$인 경우에는 $E=150$에서 보조금이 0이 된다. 따라서 스스로 번 소득 수준이 150만 원을 넘어서게 되면 보조금을 받을 수 없게 된다.

④ 틀린 지문이다. b는 재분배효과를 나타내는 변수라고 할 수 있다. 스스로 번 소득 $E=0$인 경우에 보조금의 크기가 가장 커지게 된다. 따라서 b가 클수록 재분배효과는 커진다.

⑤ 한계세율인 t의 의미는 추가적으로 번 소득 중에서 세금을 그만큼 더 내야 하는 것이 아니라, 그 비율로 지급액이 줄어드는 것을 의미한다. 따라서 t가 커지면 보조금액이 증가하고, 작아지면 받는 보조금의 크기가 작아진다.

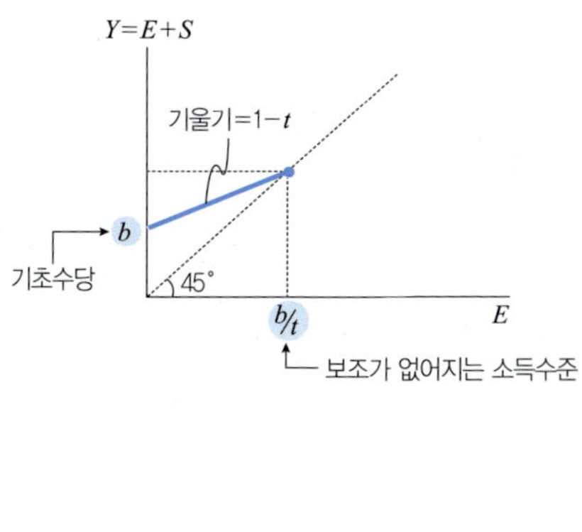

정답 ④

16	중요도	★★★★★	난이도	★
	출제 포인트	정부의 이전지출 효과		

▶ 정부가 저소득층을 위해 소득을 지원하거나 식품가격을 보조할 수 있다고 하자. 정부지출의 경제적 효과에 관한 설명으로 옳지 않은 것은? (단, 저소득층의 무차별곡선은 원점에 대해 볼록한 일반적 형태를 가짐)

① 정책목표가 개인들의 효용증대에 있다면, 소득지원 정책보다는 가격보조 정책이 더 효과적이다.
② 가격보조 정책의 경우 소득효과와 대체효과가 동시에 발생한다.
③ 가격보조 정책이 비효율성을 일으키는 원인은 상대가격구조가 변하기 때문이다.
④ 소득지원 정책은 소득효과만 발생시키므로 자원배분의 비효율성을 유발하지 않는다.
⑤ 정책목표가 대상자의 식품소비 증대에 있다면, 가격보조 정책이 소득지원 정책보다 더 효과적이다.

핵심체크

1. 소득보조 vs 가격보조 vs 현물보조
- 소득보조 : 소득효과만 존재 (대체효과 = 0)
- 가격보조 : 소득효과 + 대체효과 (비효율성 유발)

2. 정부 보조지원정책의 목표
- 지원 대상자의 후생증대 : 소득보조 ≥ 현물보조 〉 가격보조
- 지원 대상자의 지원품 소비 증대 : 가격보조 ≥ 소득보조 ≥ 현물보조

① 정부의 정책목표가 효용증대에 있다면 소득보조(현금보조)가 가격보다 더 효과적이다. 가격보조의 경우에는 상대가격을 왜곡시키는 대체효과가 존재하여 사중손실을 야기하기 때문이다. 아래의 그림은 동일한 보조금을 지급했을 때 소득보조(현금보조)의 방법을 사용한 경우가 가격보조의 방법을 사용한 경우보다 후생을 더 높게 한다는 것을 보여주고 있다(어렵지만 한 번 더 연습하면 좋은 것은 동일한 후생을 달성하기 위해서는 가격보조보다 소득보조가 더 적은 금액으로 달성할 수 있다).

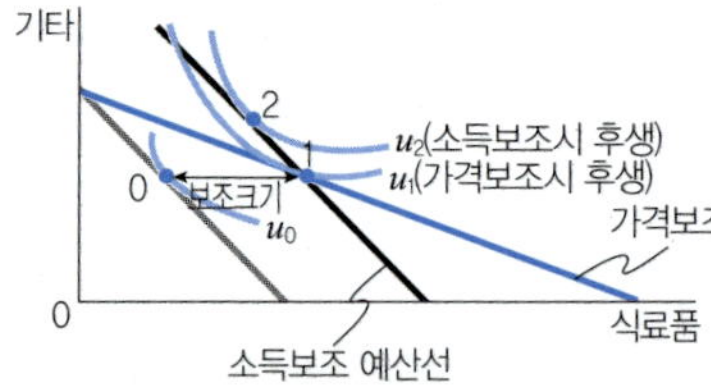

② 가격보조의 경우에는 보조대상의 상품의 상대가격이 하락하는 대체효과가 발생하고, 추가적으로 실질소득 증가라는 소득효과가 발생한다.
③ 가격보조가 비효율성을 야기하는 이유는 상대가격(예산선 기울기) 변화로 인해서 대체효과를 유발하기 때문이다.
④ 소득지원정책은 예산선이 평행하게 이동하기 때문에 소득효과만 존재하고 대체효과는 존재하지 않는다. 비효율성과 초과부담이 대체효과 때문에 발생한다는 점을 고려하면 소득보조는 비효율성이 없다.
⑤ 정부의 지원대상자에 대한 정책 목표가 식품소비 증대에 있다면 가격보조가 소득보조보다 더 효과적이다.

정답 ①

17	중요도	★	난이도	★★
	출제 포인트	내부수익률 계산		

▶ 기업은 ㅇㅇ단지에 현재 시점에서 10억 원의 투자비용이 일시에 소요되는 시설을 건축하기로 했다. 이 시설로부터 1년 후에는 10억 원의 소득이 발생할 것으로 예상되고, 2년 후에는 B기업이 20억 원에 이 시설을 인수하기로 했다고 하자. 연간 이자율이 50%라면 A기업의 입장에서 해당 사업의 내부 수익률은 얼마인가?

① 50%
② 100%
③ 150%
④ 200%
⑤ 250%

핵심체크

민간부분의 BC분석
1. 현재가치법
2. 내부수익률법
3. 편익-비용비율법 : 투자수행과정 중 부수적인 피해를 편익의 감소, 비용의 증가 중에서 어떻게 인식하는가에 따라서 다른 결과가 나옴

내부수익률법은 순편익의 현재가치인 $NPV=\sum_{i=1}^{n}\frac{B_i-C_i}{(1+\rho)^i}=0$를 달성하는 ρ가 내부수익률이다. 주어진 문제에 대입하면 순편익의 현재가치$=NPV=-10+\frac{10}{1+\rho}+\frac{20}{(1+\rho)^2}=0$이다. 따라서 $\rho=1$즉, 100%가 된다.

정답 ②

18	중요도	★★★★	난이도	★★★
	출제 포인트	비용편익분석에서 조정된 시장가격		

▶ **공공사업의 비용-편익분석에 관한 설명으로 옳지 않은 것은?**

① 공공사업에 사용될 투입요소가 민간의 독점시장으로부터 제공된다면, 비용계산 시 독점가격에서 독점이윤을 제외시켜야 한다.

② 투입요소에 간접세가 부과된 경우, 이 조세는 정부로 이전되기 때문에 비용계산 시 제외시켜야 한다.

③ 사회적 할인율이 높아질수록 초기에 편익이 집중되는 사업이 유리해진다.

④ 공공투자에 사용되는 자금의 기회비용은 그 자금을 어떤 방식으로 조달하였느냐에 따라 달라질 수 있다.

⑤ 시장이자율이 사회적 할인율보다 높을 때 시장이자율을 할인율로 사용하면 공공사업의 경제성이 커질 수 있다.

핵심체크

1. 한계비용(MC) < 시장가격(P) ➡ 독점의 경우

■ $Q\uparrow$(한계비용) vs $\overline{Q}$(시장가격)

2. 생산자가격 < 소비자가격: 물품세가 부과된 상품이 공공사업에 투입된 경우,

■ $Q\uparrow$(생산자 가격) vs $\overline{Q}$(소비자 가격)

3 세전수익률 vs 세후수익률

■ $Q\uparrow$(세전수익률) vs $\overline{Q}$(세후수익률)

① 공공사업에 투입요소가 민간의 독점시장에서 제공된 것이라면 시장실패로 인해서 시장에서 결정된 가격이 잠재적 기회비용을 반영한다고 할 수 없다. 따라서 조정된 시장가격을 사용해야 한다. 좀 더 구체적으로는 소비자의 가격이 생산에 투입된 자원비용보다 크다. 이때는 공공사업을 수행한 독점자가 생산한 상품 구입 시에 그 결과로 시장에 어떤 변화가 있었는가를 고려해야만 한다. 만일 상품의 생산량이 공공사업에 사용한 만큼 증가하면 한계비용을 기준으로 사용하고, 공공사업 수행을 위해 그 상품을 구입했으나 생산량이 예전 그대로 수준이라면 소비자 가격을 사회적 기회비용의 적절한 기준으로 볼 수 있다. 문제에서는 복잡하게 내용이 더 들어간 것이 아니고, 독점가격에서 초과이윤을 얻는 만큼 시장가격보다 높아졌을 것이란 가정 하에 독점이윤을 제거해야 한다고 본 것이다. 엄밀한 표현은 아니지만 완전히 틀린 것은 아니다.

② 공공사업을 수행하는데 대당 3천만 원을 주고 10대의 트럭을 구입했다고 할 때, 트럭의 소비자가격에는 500만 원의 물품세가 포함되어 있다고 가정하자. 이때 500만 원은 어차피 다시 정부의 수입으로 들어올 것이므로 2,500만 원만 트럭의 사용비용으로 간주해야 한다고 볼 수 있다. 따라서 간접세 부과로 인한 조세는 정부로 이전될 것이므로 비용계산에서 제외시켜야 한다. 물론 생산량의 변화를 고려해야 공공사업에 투입한 크기만큼 생산량이 증가하면 생산자 가격, 생산량의 변화가 없으면 소비자 가격을 기준으로 삼아야 한다는 조정된 시장가격(adjusted market prices)이 좀 더 합리적이라고 할 수 있다.

③ 사회적 할인율이 높아질수록 먼 미래에 발생하는 편익은 할인이 크게 이루어져 별로 유익하지 못하게 평가받게 된다. 따라서 초기에 편익이 집중되는 사업이 유리하게 된다.

④ 공공투자에 사용되는 자금의 기회비용은 그 자금이 민간부문의 소비에 쓰일 자금이었는지 아니면 민간부문의 투자에 쓰일 자금이었는지에 따라서 적용되는 수익률이 달라진다. 민간의 투자에 쓰일 자금이었다면 공공사업이 정당화되기 위해서는 최소한 민간의 세전수익률 이상은 되어야 할 것이다. 만일 민간부문의 소비에 쓰일 자금이었다면 소비를 희생하는 것과 관련된 기회비용(소비자의 시간선호율)이 되어야 한다.

⑤ 시장이자율이 사회적 할인율보다 높은 경우, 높은 시장이자율을 가지고 할인율로 공공사업의 비용편익분석을 적용하게 되면 순편익의 현재가치의 분모 값이 커지기 때문에 공공사업의 경제성은 떨어질 것이다.

정답 ⑤

19	중요도	★★	난이도	★★★
	출제 포인트	국채의 경제적 효과		

▶ **국가채무에 관한 설명으로 옳지 않은 것은?**

① 인플레이션은 국가채무의 실질가치를 감소시킨다.
② 이자율 상승은 국가채무의 일부를 자동적으로 갚아주는 효과를 가진다.
③ 리카도의 대등정리가 현실에서 성립할지라도 국채 발행은 여전히 미래세대의 부담으로 남는다.
④ 기술진보와 생산성의 증대로 미래세대가 현재세대보다 더 풍요로운 생활을 즐길 수 있다면, 국채에 의해 재원을 조달하는 것이 정당화될 수 있다.
⑤ 일반적으로 국채 발행은 어느 정도 구축효과를 통해 민간부문의 투자를 위축시킬 수 있다.

핵심체크

1. 공채 부담 학설
(1) 현재세대 부담설
① 러너 : 내부채무(국민에게 돈을 빌림) + 외부채무(해외에서 돈을 빌림)
- 내부채무의 경우는 미래세대의 부담이 증가하지 않음
- 외부채무의 경우는 소비에 사용했는지 또는 투자에 사용했는지에 따라 다름

② 배로 : 리카도 등가정리
- 공채를 미래의 조세증가로 인식해 현재세대는 저축을 증가시켜 유산을 남겨 줌

(2) 미래세대 부담설
① 뷰캐넌 : 개인의 입장에서 공채의 매입은 효용극대화를 위한 현재소비와 미래소비의 시점 간 대체에 불과하며, 공채의 부담은 상환시점에서 조세부담의 형태로 미래세대에게 전가됨
② 모딜리아니 : 자본축적의 변화를 통해 미래세대에 공채부담이 전가됨(라이프 사이클 가설을 전제로 유산이 없음)
③ 새무엘슨 : 중복세대모형을 통해 내부채무도 미래세대로 전가가 가능함

① 인플레이션이 발생하는 상황에서는 물가상승이 자동적으로 빚을 갚아주는 효과가 있다. 국민에 대해서 정부는 채무자의 성격을 지니고 있기 때문에 인플레이션을 야기하게 되면 정부의 채무부담이 적어지게 되고, 이것은 국민에게서 정부로 소득이 이전되는 결과를 초래한다. 이러한 맥락에서 인플레이션 조세(inflation tax)라고 한다.
② 이자율의 상승은 국가채무의 일부를 자동적으로 갚아주는 효과가 있다. 물가상승인 인플레이션과 이자율 상승은 동일한 효과를 가진다. 정부가 발행한 국채의 액면가는 불변이라고 할지라도 이자율이 상승하게 되면 국채의 시장가치가 하락하게 되고, 그렇게 되면 정부의 실질적 채무는 감소한 셈이 된다.
③ 리카도 대등정리가 현실에서 성립한다면 국채의 발행은 현재세대가 부담하게 된다. 왜냐하면 합리적인 사람들은 국채의 발행이 미래세대의 조세부담을 높일 것으로 예상하게 된다. 따라서 소비수준을 낮추는 결과를 야기하고 조세부담을 상쇄하기 위해서 더 많은 유산을 남겨주게 된다. 그 결과 미래세대는 더 많은 유산을 물려받아 조세부담을 충당할 수 있게 되어 실질적인 조세부담은 종전과 동일하게 된다. 따라서 국채발행은 미래세대에 부담을 안겨주는 일이 없고, 현재세대가 모두 부담하게 된다.
④ 일반적으로 기술진보와 생산성 향상으로 인해서 미래세대가 현재세대보다 한층 더 풍요로운 생활을 할 수 있게 된다면 국채로 재원을 조달하는 것이 정당하다.
⑤ 일반적으로 국채를 발행하게 되면 국채의 가격이 하락하고, 이자율이 상승하게 되어 민간투자를 줄이게 된다. 이렇게 정부의 영역이 확대되면서 민간의 영역을 밀어내는 것을 구축효과(crowding effect, 밀어내기 효과)라고 한다.

정답 ③

20	중요도	★	난이도	★★★
	출제 포인트	승수효과와 구축효과		

▶ **국민소득결정에 관한 단순 케인즈 모형이 아래와 같을 때, 정부지출과 관련된 설명으로 옳지 않은 것은? (단, 총공급곡선은 완전탄력적이며, 기업투자 및 정부지출은 독립적으로 이루어진다고 가정)**

> $Y=C+I+G$
> $C=C_0+c(T-T)$
> (T: 세금(정액세), c: 한계소비성향($0<c<1$), Y: 국민소득, C: 민간소비, C_0: 상수, I: 기업투자, G: 정부지출)

① 정부지출이 100만큼 증가할 경우 국민소득은 100보다 더 많이 증가한다.
② 조세를 100만큼 경감해 줄 경우가 정부지출을 100만큼 증가시킬 경우에 비해 국민소득을 더 적게 증가시킨다.
③ 정부재정 건전성을 확보하기 위해서 정부지출 증가액을 조세수입 증가액과 일치시킨다면 국민소득은 증가하지 않는다.
④ 노후 준비 등으로 민간부문의 한계소비성향이 감소할 경우 정부지출이 유발하는 국민소득 증가분은 줄어든다.
⑤ 기업투자나 정부지출이나 각각 100만큼 증가할 경우, 국민소득에 미치는 효과는 같다.

핵심체크

균형국민소득을 구하기 위해서 주어진 정보를 대입하면 다음과 같다.

> $Y=C+I+G$
> $C=C_0+c(Y-T)$
> $I=I_0$
> $G=G_0$

$$\Rightarrow Y=C_0+c(Y-T_0)+I_0+G_0 \Rightarrow Y=\frac{1}{1-c}[C_0-cT_0+I_0+G_0]$$

여기서 한계소비성향이 매우 중요하다. 한계소비성향(MPC: Marginal Propensity of Comsumption)이란 소득이 한 단위 증가했을 때 소비가 얼마나 증가하는가를 나타내는 것으로 $\frac{\Delta C}{\Delta Y}$을 의미한다. 문제에서 한계소비성향이 0보다 크고 1보다 작다고 했기 때문에 $\frac{1}{1-c}>1$이 된다. 만일 한계소비성향이 $c=0.9$라면 $\frac{1}{1-c}=\frac{1}{1-0.9}=10$이 된다. 이렇게 독립된 지출을 증가시켰을 경우에 국민소득의 증가가 몇 배 이상 커지는 효과를 승수효과(multiplier effect)라고 한다.

① 정부가 정부지출을 100만큼 증가시키게 되면 $\frac{\Delta Y}{\Delta G}=\frac{1}{1-c}>1$이므로 100보다 더 크게 국민소득이 증가한다.
② 조세를 100만큼 감소시키는 경우에는 조세승수가 $\frac{\Delta Y}{\Delta G}=\frac{c}{1-c}$가 되고, 정부지출을 증가시켰을 때는 정부지출승수가 $\frac{\Delta Y}{\Delta G}=\frac{c}{1-c}$가 된다. 따라서 $\frac{\Delta Y}{\Delta T}=\frac{c}{1-c}<\frac{\Delta Y}{\Delta G}=\frac{1}{1-c}$이므로 정부지출시 국민소득 증가 효과가 더 커진다.
③ 정부지출과 조세수입을 동일한 크기로 증가시키는 경우에는 정부지출승수가 더 크기 때문에 국민소득은 증가한다. 특히 주어진 정보에서는 $\frac{\Delta Y}{\Delta G}+\frac{\Delta Y}{\Delta T}=\frac{1}{1-c}+\frac{-c}{1-c}=1$이 된다.
④ 노후 준비 등으로 민간의 한계소비성향이 만일 0.9에서 0.8로 하락하게 되면 승수는 $\frac{1}{1-c}=\frac{1}{1-0.9}=10$에서 $\frac{1}{1-c}=\frac{1}{1-0.8}=5$로 하락하게 된다.
⑤ 기업의 투자증가나 정부지출증가나 균형국민소득식에서 보면 $\frac{\Delta Y}{\Delta G}=\frac{\Delta Y}{\Delta I}=\frac{1}{1-c}$로 동일하다.

정답 ③

21	중요도	★★★★★	난이도	★★
	출제 포인트	규모의 경제와 한계비용가격설정		

▶ **공공요금에 관한 설명으로 옳지 않은 것은?**

① 공공요금을 정부가 관리하는 중요한 이유 중의 하나는 관련 공기업이 자연독점 성격을 가지기 때문이다.

② 평균비용곡선이 우하향하는 경우, 한계비용가격설정방식은 평균비용가격설정방식에 비해 사업 손실을 줄일 수 있다.

③ 한계비용가격설정방식을 적용할 경우, 공기업의 손실을 보전하는 방법으로 차별요금제와 이부요금제를 고려할 수 있다.

④ 이부요금제는 서비스 이용 기회에 대한 기본요금과 소비량에 대한 사용요금으로 구성된다.

⑤ 최대부하가격설정방식(peak-load pricing)이란 수요의 변동을 평준화시킴으로써 설비를 최적으로 이용하는 것을 목적으로 한다.

핵심체크

한계비용가격설정방식

1. $MC=P$(한계비용가격설정) : 가장 효율적이지만 적자(손실) 발생

2. 대처방안

① 조세에 의한 충당
② 평균비용가격설정
③ 제2급 가격차별
④ 이부가격(요금)제도 : 가입비+사용료
⑤ 최대부하가격설정: 성수기와 비수기의 가격을 다르게 설정하여 생산설비의 효율적 이용추구

① 공공요금을 정부가 관리하는 이유는 공기업이 자연 독점적 성격을 가지고 있어서 독점시장의 가격설정방식을 적용하게 되면 효율적인 수준보다 생산량은 줄어들고 가격도 더 높은 독점가격을 부과할 수 있게 된다. 따라서 정부가 불완전경쟁으로 인한 문제를 해결하기 위해서 개입하게 된다. 그림에서 공기업이 독점시장으로 가격과 생산량을 결정하는 경우가 a인 경우이다.

② 평균비용이 우하향하는 경우이므로 이는 규모의 경제로 인한 자연독점의 상황이라고 할 수 있다. 자연독점의 경우에는 한계비용가격설정을 하게 되면 효율적인 자원배분은 충족하지만, 손실이 발생하게 된다.(그림에서 c) 한편 평균비용가격설정을 실시하게 되면(그림에서 b) 손실의 문제는 해결할 수 있으나, 효율성이 깨진다는 문제가 있다.

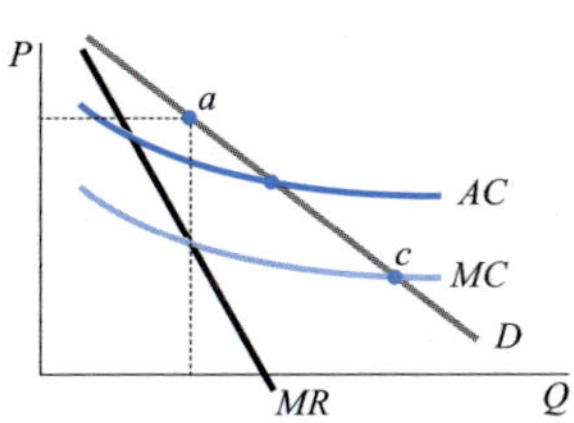

③, ④한계비용가격설정을 실시하는 경우 발생하는 손실을 보전하는 방법은 가격차별(price discrimination)과 이부요금제(two part pricing)가 있다. 차별요금제인 가격차별제는 2급가격차별제에 조금 더 가까운 형태이다. 이부요금제는 가입비와 사용료를 따로 부과하는 것이다.

⑤ 최대부하가격설정 방식은 성수기와 비수기에 대비하여 수요를 평탄화시켜 비수기에 남아도는 설비를 좀 더 활용하고, 성수기에는 제한된 설비를 최대한 가동하면서 더 높은 가격을 지불하려는 사람들에게 할당하려는 시도이다.

정답 ②

22	중요도	★★★★★	난이도	★★
	출제 포인트	램지조세(역탄력성 법칙)		

▶ **램지원칙에 관한 설명으로 옳은 것은?**

① 램지원칙에 따르면, 수요의 가격탄력성이 0인 재화가 있다면 이 재화에 대해서만 조세를 부과해도 된다.
② 램지원칙이 성립하기 위해서는 각각의 재화가 대체관계에 있어야 한다.
③ 수요의 가격탄력성이 큰 재화일수록 낮은 세율을 적용하는 것이 형평성의 관점에서 바람직하다.
④ 램지원칙에 따르면, 각 재화에 대해 단일 세율로 물품세를 부과하는 것이 효율적이다.
⑤ 필수품에는 낮게 과세하는 것이 램지원칙에 부합할 뿐 아니라, 사회적으로도 바람직하다.

핵심체크

램지가격설정
① 일정한 재정수입 + 효율성 상실 최소화
② 역탄력성 법칙 : 수요의 가격탄력성이 클수록 P를 MC에 가깝게 설정(재화 간 독립성가정)
③ 한계비용가격설정 원칙 포기
④ 효율성 측면만 고려해 분배적인 측면 문제
∵ 가격탄력성이 작은 경우(필수품) 더 높은 가격 부과

① 램지의 가격설정방법은 일정한 재정수입을 달성한다는 목적 하에서 효율성 상실을 최소화(효율성을 0로 하는 것이 아님에 주의!)하는 방법이다. 이것을 조세에 적용한 것이 램지조세이다. 아이디어는 간단하다. 효율성 상실을 극소화하는 방법은 탄력성에 반비례해서 조세(가격)를 부과하는 것이다. 따라서 수요의 가격탄력성이 0인 재화가 있다면 이 재화에 가장 높은 조세를 부과해도 된다는 것이다. 극단적인 표현으로 다른 재화에 조세를 부과하지 않고 이 재화에만 가격을 부과해도 된다.
② 램지의 원칙이 성립하기 위해서는 각각의 재화가 아무런 관련이 없는 독립적인 관계여야 한다.
③ 램지의 원칙은 수요의 가격탄력성이 큰 재화에 대해서 낮은 세율을 부과하는 경우 효율성 측면에서는 바람직하지만 공평성 측면에서는 바람직하지 않다. 따라서 이렇게 효율성 측면에서만 고려하는 최적물품세에 속한다.
④ 램지원칙에 의하면 각 상품에서 거둬들이는 조세수입의 한계초과부담이 서로 같아지도록 세율을 결정하는 것이다. 조세제도로부터 나오는 총초과부담을 극소화하기 위해서 '모든 상품의 수요량에 똑같은 비율의 감소'가 일어나도록 세율구조를 만들어야만 한다. 따라서 모든 상품에 대해서 똑같은 세율을 적용하는 물품세가 반드시 최적이 아닐 수 있음을 보여준다. 결국 단일 세율의 조세는 바람직하지 않다는 결론이 된다.
⑤ 램지원칙은 필수품과 같이 수요의 가격탄력성이 낮은 재화에 높은 세율을 부과하는 것이다. 따라서 필수품에 낮게 과세하는 것은 램지원칙에 부합하는 것이 아니다.

정답 ①

23	중요도	★★★★★	난이도	★★
	출제 포인트	중앙집권 vs 지방분권		

▶ **분권화된 재정제도의 장·단점에 관한 설명으로 옳지 않은 것은?**

① 지방공공재 공급과정에서 인근 자치단체 간에 발생하는 외부성을 해결하기 어렵다.
② 주민들이 자신이 원하는 공공재를 공급하는 자치단체로 이동할 유인을 제공함으로써 지방정부 간 경쟁을 촉진시킨다.
③ 지방정부가 중앙정부보다 지역 내 공공부문의 자원배분에 필요한 지역 내 수요를 파악하는데 유리하다.
④ 이동성이 높은 생산요소에 무거운 세금을 부과할 수 있기 때문에 조세징수상의 효율성이 증가한다.
⑤ 지방정부 간 조세경쟁으로 인해 조세제도가 비효율적으로 운영될 가능성이 있다.

핵심체크

중앙정부와 지방정부의 역할

	중앙집권	지방분권
경제안정 측면	더 유리	
소득재분배 측면	더 유리	
자원배분 측면	외부성, 규모경제, 순수공공재, 조세징수상 효율성의 경우 더 유리	주민선호반영, 주민의 조세부담인식, 지방정부 간 경쟁의 효율성의 경우 더 유리
대표적 주창자	새무엘슨	오우츠(분권화정리), 티부(발에 의한 투표)

① 분권화된 정부는 외부성이 존재하는 경우에 다른 지역으로 영향을 미치는 파급효과를 막기 어렵게 된다. 따라서 외부성이 존재하면 지방정부보다는 중앙정부가 좀 더 유리하다고 할 수 있다.
② 주민들의 발에 의한 투표(티부가설)로 지방정부를 선택하게 된다면, 지방정부는 좀 더 많은 주민들이 들어오기를 원하기 때문에 주민들이 선호하는 공공재를 제공하려고 노력하게 된다. 이러한 주민들의 선호와 수요를 끌어들이려는 경쟁이 지방정부 간에 일어나게 된다.
③ 중앙정부보다는 지방정부가 지역 내의 공공부분의 자원배분(지역공공재)을 위한 수요를 파악하는데 유리하다.
④ 이동성이 높은 생산요소인 노동에 과세를 높게 매기면 조세가 낮은 지역으로 이주해 조세회피를 하기 때문에 지방정부는 높은 과세를 하기 어렵게 된다. 따라서 조세징수상의 효율성이 떨어진다고 볼 수 있다. 한편 이동성이 낮은 토지에 과세를 하게 되면, 토지를 들고 다른 지역으로 이주를 할 수 없기 때문에 완전 비탄력적이고 그 결과 조세징수상의 효율성 상실이 발생하지 않게 된다. 이러한 점을 강조하여 헨리 조지(Henry George)는 1879년『진보와 빈곤』에서 토지 단일세를 주장한 바가 있다.
⑤ 지방정부 간에 조세경쟁이란 과세대상이 되는 세원이 자꾸 줄어드는 것을 억제하기 위해서 기업이나 주민들이 다른 곳으로 이전할 유인을 없애고, 다른 많은 기업들이 들어오도록 소득세와 법인세를 낮추는 것을 말한다. 이런 경우에는 낭비적인 과세가 줄어들어 조세제도가 효율적으로 운영될 가능성이 높게 되고, 조세수준이 낮아지게 되어 조세의 효율성도 더욱 높아진다고 할 수 있다.

정답 ④

24	중요도	★★★	난이도	★★★
	출제 포인트	목적세		

▶ **목적세에 관한 설명으로 옳지 않은 것은?**

① 조세수입이 특정용도에 사용되기로 정해진 세금이다.
② 특정분야 사업에 대해 어느 정도의 예산이 확보될 가능성이 크기 때문에 사업의 안전성이 보장된다.
③ 예산배분에 있어 칸막이가 발생하므로 다른 분야 예산사업의 재정위험이 목적세로 시행되는 사업에 파급되지 않는다.
④ 해당 조세수입이 어느 정부지출로 귀결되는지를 알 수 있다.
⑤ 공공서비스의 비용을 수혜자에게만 직접 부담시킴으로써 조세의 효율성을 제고시킨다.

핵심체크

목적세
① 특정사업의 안정적 재원확보를 위해 특별한 목적으로 징수되는 다른 조세에 부가되는 조세
② 교육세, 교통에너지환경세, 농어촌특별세

목적세(earmarked tax)는 기본적으로 재원을 특정한 지출사용처에 연계시켜 징수하는 조세를 말한다. 목적세는 그 부과대상이 되는 그 사용처와 직접 관련이 없는 경우도 있으나 많은 경우에는 그 지출용도와 연계된 세원을 통하여 조달하여 수혜자의 직접부담에서 오는 효율성과 공평성을 달성할 수 있다. 그리고 지원이 필요한 특정분야에 대해서 일정기간 안정적으로 재원을 확보해주어 해당 분야의 집중적인 발전을 도모할 수 있다는 정책적인 장점도 제시된다.

그러나 이러한 목적세는 지출사용처를 사전에 정해놓고 있으므로 재정운용상의 경직성을 가져다준다는 비판을 받고 있다. 또한 목적세는 교육이나 농어촌과 같이 특정분야에 대한 세출확보를 목적으로 하고 있어 관련되는 논의가 경제적 효율성보다는 정치적 타당성 등이 보다 강조되며 일정기간이라는 한시성도 잘 지켜지지 않는다는 문제점도 지적되고 있다. 그리고 교육세와 같이 많은 경우 그 부담과 지출간의 연계성이 없기 때문에 수익자부담원칙을 통한 자원배분의 효율성을 제고한다는 취지가 퇴색하고 있다는 비판도 제기되고 있는 것이다. 목적세의 대표적인 것으로는 교통 · 에너지 · 환경세가 있는데, 도로와 도시철도 등 교통시설의 확충 및 대중교통 육성을 위한 사업, 에너지 및 자원 관련 사업, 환경의 보전과 개선을 위한 사업에 필요한 재원을 확보하기 위해서 휘발유와 경우에 부과하는 세목이다.

① 목적세는 조세수입이 특정용도에 연계된다.
② 목적세는 특정분야에 대한 세출을 확보하는 목적으로 사용된다.
③, ④ 목적세는 지출사용처를 미리 정해놓기 때문에 재정운용상의 경직성을 야기한다. 그러나 칸막이 식의 방식으로 인해서 다른 특정사업의 충격이 미치는 영향에 독립적일 수 있다. 또한 지출사용처를 미리 정해놓기 때문에 어느 정부지출로 사용되는지 명확하게 알 수 있다.
⑤ 목적세 중에서 교육세의 경우는 부담과 지출간의 연계성이 부족하다는 비판을 받기도 한다.

정답 ⑤

25	중요도	★★★★★	난이도	★★★
	출제 포인트	조세의 초과부담		

▶ **조세의 부과로 인해 발생하는 초과부담에 관한 설명으로 옳지 않은 것은?**

① 완전 보완재인 두 재화 중 어느 하나에 물품세를 부과할 경우 초과부담의 크기는 세율에 비례하여 커진다.

② 수요가 완전비탄력적일 때 물품세를 부과하더라도 해당 시장에서 초과부담은 발생하지 않는다.

③ 종가세가 부과될 경우, 초과부담은 수요의 가격탄력성이 크거나 재화의 거래액이 많을수록 증가한다.

④ 초과부담은 대체효과에 의해서만 발생하기 때문에 초과부담을 분석하기 위해서는 소득효과가 제거된 보상수요곡선을 사용해야 한다.

⑤ 독립적인 관계에 있는 두 재화에 물품세를 부과할 때 발생하는 초과부담은 대체관계에 있을 때에 비해 더 커진다.

핵심체크

1. 초과부담의 정의
① 초과부담=조세의 실제부담의 크기−조세 징수액
② 조세가 민간부문의 의사결정을 교란시킴으로써 발생하는 효율성 상실의 크기
2. 초과부담 발생원인
① 민간부문의 선택에 교란 발생(대체효과)으로 효율적 자원배분의 조건이 충족되지 않음
② 상품간 선택, 여가-소득 간 선택, 현재소비와 미래소비 간 선택에서「한계대체율≠한계변환율」
3. 초과부담의 크기
초과부담은 세율, 수요탄력성, 초기거래액, 정부세수액이 클수록 커진다. 특히 초과부담은 세율의 제곱에 비례해서 더욱 커진다.

① 완전보완재 관계에 있는 두 재화 중의 어느 한 재화에 물품세를 부과하는 경우는 개인적인 측면에서 볼 때는 초과부담이 발생하지 않는다. 왜냐하면 완전보완재의 경우에는 대체효과가 발생하지 않기 때문이다. 시장전체 측면에서 볼 때 두 재화를 고려한 경우가 아닌 한 재화만 고려한 부분균형인 경우에는 물품세 부과는 세율의 제곱으로 비례해서 초과부담이 발생하게 된다.

② 수요가 완전비탄력적인 경우에 물품세를 부과하게 되면 가격탄력성이 0이기 때문에 초과부담은 0이 된다.

③ 종가세가 부과되는 경우에 초과부담은 $EB = DWL = \frac{1}{2}t^2\varepsilon PQ$가 되어 가격탄력성이 클수록 초과부담이 커지고, 재화의 거래액에 많을수록 초과부담이 증가한다.

④ 초과부담은 대체효과로 인해서 발생하기 때문에 소득효과를 제거한 보상수요곡선을 사용해야 정확하게 측정할 수 있다.

⑤ 여러 상품에 물품세를 부과하는 경우에 두 재화가 서로 독립적인 관계인 경우보다 대체관계에 있게 되면 대체관계에 있는 경우보다 독립관계에 있는 경우가 초과부담은 더 커질 수 있다. 이미 소주에 물품세가 부과되어 있는 상황에서 막걸리에 부과된 물품세는 막걸리 시장에서 후생손실을 야기하지만 소주시장에서 이득을 발생시키기 때문에 두 재화가 대체효과 관계에 있는 경우에 초과부담은 줄어들 수 있게 된다.

정답 ①

26	중요도	★★★★	난이도	★★★★
	출제 포인트	탄력성과 조세수입		

▶ 담배 수요에 대한 흡연자들의 가격탄력성이 아래와 같을 때, 정부의 담배소비세 인상에 관한 설명으로 옳지 않은 것은? (단, 다른 조건은 일정하다고 가정)

〈담배수요 가격탄력성〉

구분	청소년	성인	전체 평균
저소득층	3.24	0.81	0.89
고소득층	2.76	0.80	0.85

① 청소년의 담배 지출액은 감소할 것이다.
② 성인의 담배 지출액은 증가할 것이다.
③ 두 소득계층으로부터의 조세수입은 증가할 것이다.
④ 청소년의 담배 소비가 성인에 비해 상대적으로 많이 감소할 것이다.
⑤ 저소득층 전체의 담배소비가 고소득층 전체에 비해 상대적으로 더 적게 감소할 것이다.

핵심체크

1. 탄력성과 판매수입

① 총지출증가율=판매수입 증가율=가격증가율+수량증가율($\frac{\Delta TE}{TE} = \frac{\Delta P}{P} + \frac{\Delta Q}{Q}$)
② 가격인상: 탄력적일수록 수량감소율이 커져서 판매수입(총지출액)감소

① 청소년은 성인에 비해서 소득이 별로 없기 때문에 담배수요에 대한 가격탄력성이 크다. 그 결과 담배소비세의 인상은 담배가격상승으로 청소년들의 소비를 크게 줄이게 된다. 따라서 청소년들의 담배지출액은 감소할 것이다. 총지출은 $TE=PQ$가 된다. 이를 변화율로 나타내면 $\frac{\Delta TE}{TE} = \frac{\Delta P}{P} + \frac{\Delta Q}{Q}$가 된다. 이때 수요의 가격탄력성이 크기 때문에 $\frac{\Delta P}{P} < \frac{\Delta Q}{Q}$이므로 담배세 부과로 가격이 상승하는 비율보다 그에 따른 소비량의 감소크기가 더욱 크기 때문에 총지출의 변화율($\frac{\Delta TE}{TE}$)은 작게 된다.
② 성인은 청소년에 비해서 담배에 대한 가격탄력성이 별로 크지 않다. 따라서 담배세의 인상으로 인해서 가격이 상승할지라도 소비량의 감소가 크지 않게 된다. 그 결과 판매수입은 증가한다.
③ 청소년과 성인의 담배에 대한 가격탄력성은 전체 평균을 보면 1보다 작아 비탄력적이다. 따라서 담배가격을 인상시키는 조세부과는 수량감소에 크게 영향을 미치지 않기 때문에 조세수입은 감소한다.
④ 청소년이 성인보다 담배가격에 대한 민감도(탄력성)가 크기 때문에, 성인에 비해서 담배세 부과로 인한 담배가격인상에 대해서 상대적으로 더 많이 감소하게 된다.
⑤ 저소득층은 고소득층보다 담배에 대한 가격탄력성이 더 크다. 저소득층은 0.89인데 고소득층은 0.85이다. 따라서 담배세 부과로 인한 가격인상에 저소득층 전체의 담배소비가 고소득층 전체에 비해서 상대적으로 더 크게 감소하게 된다.

정답 ⑤

27	중요도	★★★★★	난이도	★★★
	출제 포인트	하버거 모형		

▶ **하버거(A. Harberger)의 조세부담 귀착에 대한 일반균형분석모형을 아래와 같이 가정하자.**

1. 서로 다른 두 가지 재화가 각각 법인부문(자본집약적으로 생산)과 비법인부문(노동집약적으로 생산)에서 선형동차의 생산함수에 따라 노동과 자본을 투입해서 생산된다.
2. 요소시장은 완전경쟁적인 시장이고, 노동과 자본의 총량은 일정하며 부문 간 완전한 이동성을 가진다.
3. 각 재화의 수요곡선은 우하향한다.

이 때 정부가 법인세를 부과할 경우 나타나는 현상에 관한 설명으로 옳은 것은?

① 산출효과에 의해 노동에 대한 자본의 상대가격이 하락한다.
② 법인, 비법인부문 모두 자본-노동비율()이 하락한다.
③ 요소대체효과에 의해 법인부문에서 노동에 대한 자본의 상대가격이 상승한다.
④ 과세 후 법인부문이 생산하는 재화에 대한 수요는 증가한다.
⑤ 산출효과와 요소대체효과가 서로 반대방향으로 작용하기 때문에 결과적으로 노동자와 자본가 중 어느 쪽으로 조세부담이 귀착될지 불분명하다.

핵심체크

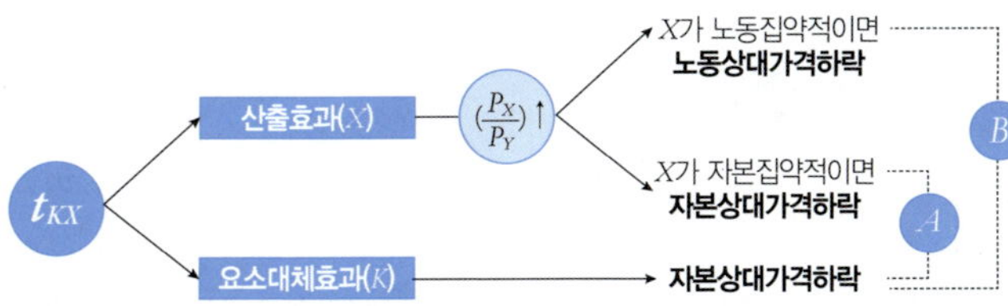

① 정부가 법인부분에 법인세를 부과하는데, 법인부문이 자본집약재 산업이라고 할 때, 법인세를 부과하면 그 산업이 위축되고 그 산업에 집약된 요소인 자본이 상대적으로 더 많이 방출되어 자본의 상대가격이 하락한다. 이와 같이 어떤 산업에 물품세가 부과될 때 그 산업에 집약된 요소에 불리하게 작용하는 효과를 산출효과라고 한다. 따라서 산출효과에 의해 모든 자본의 소유자에게 조세의 부담이 지워진다.

②, ⑤ 자본집약적인 법인부분과 과세 시 산출효과에 의해서 자본의 가격이 하락하게 되고, 대체효과에 의해서 자본의 가격이 하락하게 된다. 결국 자본의 상대적 가격하락은 자본의 사용량을 상대적으로 더 증가시키게 된다. 따라서 자본-노동비율(K/L)은 상승한다. 결국 이 경우에는 산출효과와 대체효과가 모두 자본이 상대가격을 올리는 역할을 하게 된다.

③ 요소대체효과에 의해서는 법인부문의 자본에 과세를 하게 되었으므로 자본의 가격이 하락하게 된다.

④ 법인부문에 과세를 하게 되면 과세 후에 법인부문에서 생산하는 재화에 대한 수요는 감소하게 되다.

정답 ①

28	중요도	★★★★★	난이도	★★★
	출제 포인트	조세부과 효과		

▶ **완전경쟁시장에서 수요곡선은 우하향하는 직선으로 주어져 있고 공급곡선은 완전탄력적이라고 가정할 때, 재화 한 단위당 종가세 t를 부과하는 경우에 관한 설명으로 옳지 않은 것은? (단, 부분균형분석을 전제로 함)**

① 조세의 초과부담은 의 제곱에 비례한다.
② 조세수입은 t의 제곱에 비례한다.
③ 수요가 가격탄력적일 때 세후 판매수입은 과세이전보다 줄어든다.
④ 세후 소비자가격은 과세이전에 비해 (세전가격×t)만큼 상승한다.
⑤ 과세 후 소비자 잉여가 감소한다.

핵심체크

초과부담
① 초과부담은 조세부과로 인한 사회후생손실이므로 소비자잉여감소
② 세율, 수요탄력성, 초기지출액, 정부세수액이 클수록 커진다. 특히 초과부담은 세율의 제곱에 비례해서 더욱 커진다.
③ 다양한 상품에서 세원을 찾고 그 세원들에 낮은 세율을 적용하여 세수목표를 달성하는 것이 좋다.

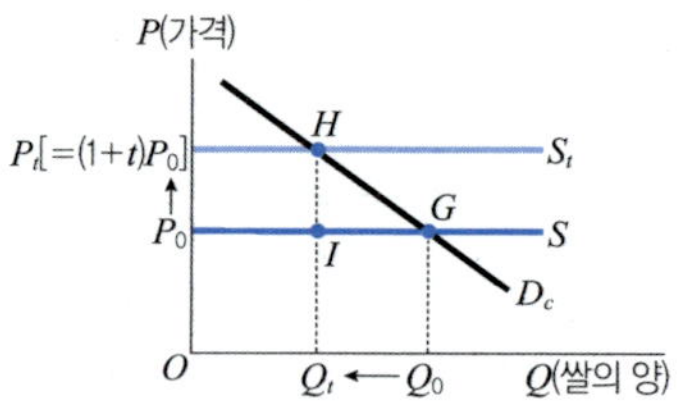

$$EB = -\frac{1}{2}tP\Delta Q = \frac{1}{2}t(-\frac{\Delta Q}{\Delta P}\cdot\frac{P}{Q})Q\Delta P\frac{P}{P} = \frac{1}{2}t^2\varepsilon_P S$$

(단, $S = PQ, t = \frac{\Delta P}{P}$)

※ 일반화 경우는 $EB = \frac{1}{2}t^2\frac{1}{\frac{1}{\varepsilon_P}+\frac{1}{\eta_P}}S$

① 초과부담은 시장차원에서 분석할 수도 있고, 개인차원에서도 분석할 수 있다. 시장차원에서 분석하는 경우에는 소득효과가 제거된 보상수요곡선을 이용해야 한다. 초과부담은 소득효과와는 관련이 없고, 대체효과만 관련이 있기 때문이다. 초과부담은 세율, 수요의 가격탄력성, 상품 거래액에 의해서 결정되는데, 초과부담의 간단한 공식은 다음과 같다. 따라서 초과부담은 제출의 제곱에 비례한다.
② 조세수입은 라고 할 수 있다. 따라서 조세수입은 세율 t에 비례한다.
③ 수요의 가격탄력성이 크게 되면 조세부과로 인한 가격상승에 크게 반응하게 되고, 그 결과 정부의 조세수입은 이전보다 감소하게 된다. 그림에서 보면 빗금 친 면적이 수요가 탄력적인 경우의 조세수입이고, 굵은 박스가 수요가 상대적으로 비탄력적인 경우에 조세수입이라고 할 수 있다.
④ 소비자 가격은 과세 후에 만큼 상승하게 되어 세후 소비자 가격은 $(1+t)P_0$가 된다.
⑤ 과세 후에 소비자 잉여는 감소하게 된다.

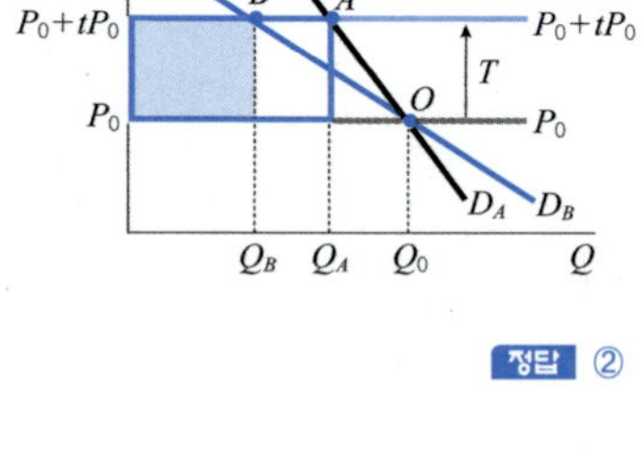

정답 ②

29	중요도	★★★★★	난이도	★★★
	출제 포인트	초과부담 크기 계산		

▶ X재에 대한 보상수요함수는 $Q=-2\ \ +400$이고, X재는 단위당 10원으로 얼마든지 구매할 수 있다고 하자. 물품세 부과로 인한 조세수입액이 32원이고 비효율성 계수가 $\frac{1}{8}$이라 할 때, X재에 단위당 부과된 물품세는 얼마인가?

① 1원
② 2원
③ 4원
④ 8원
⑤ 16원

핵심체크

비효율성계수

- 조세수입에서 초과부담이 차지하는 비율
- $\dfrac{EB}{\text{조세수입}} = \dfrac{\frac{1}{2}t^2\varepsilon PQ}{tPQ} = \dfrac{1}{2}t\varepsilon$
- 비효율성계수는 수요의 가격탄력성과 세율에 의존하며, 수요의 가격탄력성이 클수록 그리고 세율이 높을수록 비효율성은 커짐

문제에서 주어진 정보를 활용하면 다음과 같다.

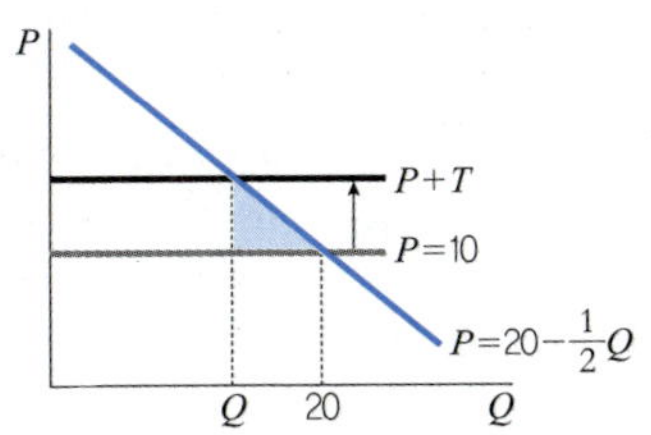

조세수입액$=TQ=32$

비효율성 계수$=\dfrac{EB}{\text{조세수입}}=\dfrac{EB}{32}=\dfrac{1}{8}$

초과부담(EB)$=\frac{1}{2}(20-Q)T=4$

이를 다시 쓰면 초과부담 $EB=10T-\frac{1}{2}QT=10T-\frac{1}{2}\times 32=4$

따라서 $T=2$가 된다.

정답 ②

30	중요도	★★★	난이도	★★
	출제 포인트	탈세		

▶ **탈세에 관한 설명으로 옳지 않은 것은?**

① 탈세는 법률을 위반해 가면서 조세부담을 줄인다는 점에서 조세회피와 구별된다.
② 세무조사를 받을 확률이나 벌금률을 높이는 것은 탈세를 줄이는데 기여할 수 있다.
③ 세율을 인상할 경우 일반적으로 대체효과에 의해 탈세가 줄어드는 경향이 있다.
④ 조세제도가 자신을 불공평하게 대우했다고 느끼는 사람일수록 탈세행위를 할 가능성이 커진다.
⑤ 탈세 규모가 커질수록 지하경제가 확대된다.

핵심체크

탈세 모형

1. 가정

① 탈세 시도자의 목표 : 기대소득의 극대화
② 위험부담에 중립적 가정

2. 모형

① 편익 : 탈세로 인해 줄어든 조세부담(한계세율 t)
→ 허위로 1원 낮추어 신고 시 얻을 수 있는 한계편익
② 비용 : 탈세행위 적발 시 추징금(벌금형태)
③ 조세당국의 무작위적 감사를 받을 확률
■ 벌금(θ)은 탈루소득의 크기(V)에 따라 부과

3. 결론

① 납세자가 숨기려는 소득의 크기는 한계세율, 감사받을 확률, 벌금률에 의해 결정
② 탈세의 한계비용을 높이기 위해서는 감사의 확률(π)을 높이거나, 벌금률(f')을 높여야 함

① 탈세는 불법적으로 조세의무를 기피하려는 행위로 탈세가 이루어지는 방법으로는 주로 중소기업이나 상인들이 이중장부를 활용하는 것, 영세사업자나 개인의 경우 기장의무가 면제되므로 알아서 소득금액을 신고해야 되는데 이때 일부를 탈루시켜 보고하는 것, 현금거래를 통해서 수표나 신용카드와 달리 추적이 어렵게 만드는 것, 생산자끼리 생산한 물건을 현물로 주고받는 것이 있다.
한편 조세회피는 절세로 조세부담을 적게 하려고 행동을 수정하는 직종 바꾸기가 있다. 조세회피는 법을 어기지 않는다는 점이 차이가 있다.
② 전통적인 탈세모형인 기대소득 극대화 모형에 따르면 탈세를 줄이기 위해서는 세무조사를 받을 확률을 높이거나 벌금률을 높여 한계비용을 올리면 된다.
③ 세율을 인상하는 경우 오히려 탈세는 커지게 된다. 왜냐하면 탈세의 한계편익이 바로 세율이기 때문이다. 문제에서는 대체효과까지 언급한 것을 보아 탈세 관련 최신 모형인 알링햄-샌드모 모형(기대효용극대화 모형)을 이용한 것으로 보인다. 그러나 문제를 해결하는데 큰 어려움이 없다.
④ 조세제도에 따라서 불공평한 대우를 받는다고 생각하는 사람들이 많을수록 탈세를 하려는 유인이 커지고 그 결과 탈세행위도 많이 일어난다.
⑤ 탈세는 지하경제와 관련이 있다. 탈세의 규모가 커질수록 지하경제 규모가 크다고 할 수 있다.

정답 ③

31	중요도	★★★	난이도	★★
	출제 포인트	경제적 능력의 평가기준		

▶ **소득에 관한 설명으로 옳지 않은 것은?**

① 소득은 노동시장에서 여가와 노동에 대한 선택의 결과를 반영할 수 있기 때문에 동일한 예산집합을 가지는 두 사람의 경제적 능력을 달리 취급하는 경우가 발생한다.
② 현행의 소득세제는 실현주의 원칙에 기반을 두면서 부분적으로 예외를 인정하고 있다.
③ 다른 조건이 일정할 때, 인플레이션으로 인해 명목소득이 증가하는 경우 소득세 부담이 증가한다.
④ 대부분의 나라에서 요소소득은 과세대상으로 하고 있지만, 이전소득의 경우에는 많은 부분을 비과세대상으로 처리하고 있다.
⑤ 귀속소득(imputer income)에 대한 과세가 대부분의 나라에서 이루어지고 있다.

핵심체크

1.경제적 능력의 평가 기준
(1) 소득　(2) 예산집합(기회집합)　(3) 임금률　(4) 소비수준　(5) 재산
2. 헤이그-사이먼즈 소득세 : 포괄적 소득세
(1) 개념
① 두 시점 사이에서 발생한 경제적 능력 순증가의 화폐가치=소비+순가치(net worth) 변화
발생주의 원칙 → 실현되지 않은 자본이득 포함
② 현금소득이나 현물소득뿐만 아니라 발생을 기준으로 한 자본이득(capital gain)을 포함
③ 귀속소득포함
(2) 현실적 소득세: 실현주의 원칙을 따름
① 현실에선 사내유보를 통한 지본이득, 귀속소득은 과세대상 제외
② 여가가 아닌 노동에 대해 과세

① 경제적 능력의 평가기준으로 소득을 사용하게 되면 실제로는 동일한 예산집합을 가지고 있음에도 불구하고 서로 다른 선호체계를 가지고 있어 각각 다른 경제적 선택을 하는 경우가 발생할 수 있다. 단지 여가를 상대적으로 더 선호하기 때문에 소득이 더 작게 되는 문제가 발생할 수 있다.
② 현행의 소득세제는 실현주의(realization concept)를 원칙으로 하고 있다. 그러나 엄밀하게는 비록 실현되지 않은 소득일지라도 일단 발생(accretion)하게 되면 그 자체를 경제적 능력의 증가로 연결되므로 과세대상으로 삼는 것이 타당하다. 또한 실현된 과세소득에만 과세를 하는 것이 공평과세 측면에서 과연 바람직한지의 문제도 있다. 하나는 수평적 공평성을 위배하는 문제와 다른 하나는 발생한 소득의 실현을 무한정 지연시켜 조세부담을 회피하는 경향이 나타난다.
③ 인플레이션 조세란 실질자본소득은 증가하지 않았음에도 불구하고 인플레이션이 생기기 이전보다 더 높은 세율을 적용받는 경우를 말한다.
④ 능력의 평가기준으로 소득에 대한 설명에서 현실에서는 대부분의 나라에서 요소소득은 거의 전부 과세대상으로 삼고 있는 반면에 이전소득의 경우는 비과세 대상으로 처리하는 경우가 많이 있다.
⑤ 귀속소득(imputed income)이란 주택, 부동산, 자본재 등을 소유하면서 스스로 사용하고 있는 사람이 실질적으로 얻는다고 생각할 수 있는 소득을 말한다. 그런데 실제로 얻는 임대료 소득과세의 대상에 포함시키면서 귀속소득은 제외하고 있다.

정답 ⑤

32	중요도	★★★★	난이도	★★★★★
	출제 포인트	선형소득세제와 조세수입의 소득탄력성		

▶ 선형 소득세제에 관한 설명으로 옳지 않은 것은?

> 세제1 : $T=10+0.1Y$　　세제2 : $T=0.15Y$　　세제3 : $T=-10+0.15Y$
> (단, T: 조세수입, Y: 소득)

① 세제1의 조세수입의 소득탄력성이 세제2의 조세수입의 소득탄력성보다 작다.
② 세제2와 세제3은 동일한 한계세율을 가진다.
③ 세제3의 평균세율은 누진구조를 가지고 있다.
④ 세제3의 경우 면세점 이상의 소득자는 소득이 증가할수록 조세수입의 소득탄력성이 더 커진다.
⑤ 세제1과 세제3의 조세수입이 일치하는 지점에서 세제1이 세제3에 비해 조세수입의 소득탄력성이 작다.

핵심체크

1. 조세수입의 소득탄력성

① 소득이 1% 증가할 때 조세부담이 몇 % 증가하는지를 보는 탄력성개념

② 조세수입의 소득탄력성 $=\dfrac{\frac{\Delta T}{T}\times 100\%}{\frac{\Delta Y}{Y}\times 100\%}=\dfrac{\Delta T}{\Delta Y}\dfrac{Y}{T}=\dfrac{\frac{\Delta T}{\Delta Y}}{\frac{T}{Y}}=\dfrac{\text{한계세율}}{\text{평균세율}}$

2. 조세수입의 소득탄력성과 한계세율과 평균세율

① $a=0$인 경우 : 평균세율$(\frac{T}{Y})=b$, 한계세율$(\frac{\Delta T}{\Delta Y})=b$ ➡ 원점통과 선형소득세

② $a>0$인 경우 : 평균세율$(\frac{T}{Y})=\dfrac{a+bY}{Y}=b+\dfrac{a}{Y}$, 한계세율$(\frac{\Delta T}{\Delta Y})=b$

③ $a<0$인 경우 : 평균세율$(\frac{T}{Y})=\dfrac{a+bY}{Y}=b+\dfrac{a}{Y}$, 한계세율$(\frac{\Delta T}{\Delta Y})=b$

➡ $a>0$인 경우 : 양의 y-절편을 가진 선형소득세제: 평균세율〉한계세율

3. 문제 적용

세제	평균세율$(\frac{T}{Y})$	한계세율$(\frac{\Delta T}{\Delta Y})$	탄력성$\frac{\text{한계세율}}{\text{평균세율}}$
$T=10+0.1Y$	$0.1+\frac{10}{Y}$	0.1	$\varepsilon>1$
$T=0.15Y$	0.15	0.15	$\varepsilon=1$
$T=-10+0.15Y$	$0.15-\frac{10}{Y}$	0.15	$\varepsilon<1$

① 세제1의 경우에는 평균세율〉한계세율이 성립한다. 따라서 조세수입의 소득탄력성=한계세율/평균세율이므로 탄력성은 1보다 작게 된다. 한편 세제2의 경우에는 평균세율〈한계세율이므로 조세수입의 소득탄력성은 1보다 크게 된다.
② 세제2와 세제3은 동일한 기울기를 가지므로 평균세율=한계세율이 같다. 따라서 조세수입의 소득탄력성은 1이 된다.
③, ④ 세제3의 경우 소득증가에 따라 한계세율은 일정한데, 평균세율이 계속 증가하므로 누진구조를 가지는 동시에 조세수입의 소득탄력성이 점점 작아진다.

정답 ④

33	중요도	★★★★	난이도	★★
	출제 포인트	부가가치세의 장점		

▶ **부가가치세에 관한 설명으로 옳은 것은?**

① 각 생산단계에서 발생하는 총판매액을 과세대상으로 한다.
② 모든 물품에 대하여 동일비율로 과세한다는 점에서 중립세의 성격을 가진다.
③ 생필품에 단일 세율로 부과할 경우 소득분배에 역진적이다.
④ 기업 간 수직통합을 부추긴다는 문제가 있다.
⑤ 부가가치세 면세 품목에는 영세율이 적용된다.

핵심체크

1. 부가가치세의 특성
(1) 부가가치세
① 생산이나 거래되는 각 단계에서 증가한 가치(부가가치)에 종가세의 형태로 부과
(2) 특성
① 부가가치세는 부가가치에만 부과되므로 다단계거래세(총판매액 그 자체가 과세대상)와 달리 수직통합을 방지하는 효과
② 소비형 부가가치세는 투자가 촉진되는 장점이 있음
③ 영세율을 통해 수출품에 조세를 효과적으로 환급 가능
④ 제도 자체 내에서 탈세를 방지하는 장치 있음
2. 부가가치세와 세율
(1) 면세
① 면세가 적용되는 단계에서 세율이 0이라는 점은 영세율의 경우와 동일
② 전단계 세액이 공제되는 영세율의 경우와 달리, 면세의 경우는 면세가 적용되는 단계의 바로 직전 단계의 세액을 공제해주지 않음
(2) 영세율
① 이전 단계 환급을 해 줌
② 수출품
③ 목적지 원칙: 수출품의 경우 최종소비자가 국내에 있는 것이 아니고 외국에 있기 때문

① 부가가치세를 다단계 거래세(multi-stage turnover tax)와 비교했을 경우에 차이점은 다단계 거래세는 총판매액 그 자체가 과세대상이 되지만, 부가가치세는 각 생산단계에서 추가된 부가가치에만 조세가 부과된다. 따라서 틀린 표현이 된다.
② 부가가치세는 10%의 세율을 동일하게 부과한다. 따라서 어떤 대상에는 과세를 하고 다른 어떤 대상에는 과세를 하지 않는 차별적인 조세가 아닌 동일하게 대우한다고 할 수 있다. 그러나 부가가치세의 경우 면세와 영세율이 적용되기 때문에 예외가 있어서 완전한 중립세(럼프섬세, lump-sum tax)라고 볼 수 없다.
③ 생필품에 단일과세를 하는 경우 소득을 기준으로 했을 경우에 역진적인 성격을 지니게 된다. 그래서 대부분의 나라에서는 식품이나 의약품과 같은 필수품에 낮은 세율을 적용한다.
④ 다단계 거래세의 경우에는 각 단계에서 부과된 거래세가 계속 누적되어 다음단계로 넘어가는 누적효과(accumulative effect)가 존재하지만, 부가가치세는 각 생산단계에서 추가된 부가가치에만 조세가 부과되기 때문에 불필요한 수직적 통합을 부추기지 않는다.
⑤ 부가가치세의 면세는 전단계 세액이 공제되는 완전한 영세율과는 차이가 있다.

정답 ③

34	중요도	★★★★★	난이도	★★★
	출제 포인트	소득세의 과세단위 선택		

▶ 두 쌍의 예비부부의 소득과 소득세액이 아래와 같이 제시되어 있다(단, 소득공제는 없으며 한계세율은 소득액이 6,000만 원까지는 10%, 6,000만 원 초과 금액에 대해서는 X%를 적용한다고 가정).

예비부부	개인소득	과세단위별 소득세액	
		개인기준	가구(가족)기준
김ㅇㅇ 박ㅇㅇ	0.3억 원 1.7억 원	300만 원 3,900만 원	4,800만 원
이ㅇㅇ 최ㅇㅇ	1억 원 1억 원	1,800만 원 1,800만 원	4,800만 원

다른 조건이 일정할 때, 두 쌍의 예비부부가 결혼하고 과세방식을 개인기준에서 가구(가족)기준방식으로 변경할 경우 결혼중립성원칙과 수평적 공평성 원칙의 충족여부와 그 때의 한계세율(%)을 바르게 짝지은 것은?

(ㄱ) 결혼중립성 충족　(ㄴ) 결혼중립성 미충족　(ㄷ) 수평적 공평성 충족
(ㄹ) 수평적 공평성 미충족　(ㅁ) 한계세율 : 18%　(ㅂ) 한계세율 : 24%
(ㅅ) 한계세율 : 30%　(ㅇ) 한계세율 : 36%

① ㄱ－ㄷ－ㅁ　② ㄱ－ㄷ－ㅅ　③ ㄱ－ㄹ－ㅂ　④ ㄴ－ㄷ－ㅅ　⑤ ㄴ－ㄹ－ㅇ

핵심체크

1. 과세단위

(1) 개인단위 과세(individual unit)

■ 장점

① 개인단위 과세는 결혼에 중립적

② 개인단위 과세는 노동공급에 중립적

■ 단점

① 수평적 공평성 문제 : 가족의 소득은 동일하나 납세액이 다름

② 개인단위 과세는 조세를 줄이기 위해서 자산소득을 부부 사이에 이전시킬 가능성이 있음

(2) 가족단위 과세(family unit)

■ 장점: 소비계획의 기초적 단위는 가족이므로 납세능력도 가족 기준으로 평가

■ 단점: 비효율성(결혼 벌금)

개인기준에서 가구(가족)기준으로 과세단위를 변경하는 경우에 결혼의 중립성은 충족하지 못하는 결혼벌과금의 부담을 추가적으로 지게 되지만, 수평적 공평성은 충족하게 된다. 수평적 공평성이란 동일한 부부소득 합산의 경우 과세액 산정 시 두 가족은 같은 크기의 세금을 부과하게 된다는 것을 말한다. 한계 세율의 경우는 예비부부의 소득크기가 모두 2억이 되므로, 합해서 계산하게 된다. 따라서 한계세율의 경우는 6,000만 원 이하까지는 10%이고, 6,000만 원을 초과하는 금액에 대해서는 X%를 부과하므로 가구 기준으로 2억에 대한 조세크기는 (6,000×10%)+[(20,000−6,000)×X%]=4,800

따라서 X%=40%가 된다.

정답 ④

35	중요도	★★★★★	난이도	★★★
	출제 포인트	지출세 vs 소득세		

▶ **지출세와 소득세에 관한 설명으로 옳지 않은 것은? (단, 부분균형분석을 전제로 함)**

① 지출세 시행 시 현재소비와 미래소비에 관한 예산선의 기울기는 소득세 시행 시의 예산선의 기울기와 다르지 않다.

② 지출세 지지자들은 소득세가 시점 간 자원배분 과정에서 교란을 일으키게 되어 비효율성의 원인이 된다고 주장한다.

③ 효율성 측면에서 소득세와 지출세를 비교한 결과 지출세가 우월하다.

④ 개인이 사회에 기여하는 것보다는 사회로부터 가져가는 것을 기준으로 과세하는 것이 바람직하다는 점에서 지출세가 선호된다.

⑤ 소득세제 하에서는 동일한 경제적 능력의 소유자도 저축성향이 큰 사람일수록 더 무거운 조세부담을 지게 되므로 수평적 공평성을 저해한다.

핵심체크

포괄적 소득세와 포괄적 지출세

1. 효율성 측면

① 소득세 교란 : 현재소비와 미래소비 간의 선택에서 교란을 야기하므로 지출세가 우월에 의하여 지출세가 더 바람직하다고 말하기는 어려움

② 장기적인 관점의 효율성 : 자본축적의 촉진 측면에서 지출세가 우월

2. 공평성 측면 : 칼도(Kaldor, 1955)

① 노동의 대가인 소득에 대한 세금보다 소비하는 행위에 대한 세금이 더욱 바람직

② 소비욕구를 억누르는 저축에 대해 과세하는 것은 불공평

③ 수평적 공평성 측면에서 우월

① 관심의 대상이 현재소비와 미래소비의 평면에서 지출세의 부과는 현재소비와 미래소비 모두에 과세를 하는 결과를 초래하기 때문에 예산선이 평행하게 이동하게 된다. 그러나 소득세(이자소득세)의 부과는 현재소비에는 과세를 하지 않고, 미래소비인 저축에 과세를 하는 결과를 초래하여 예산선의 기울기가 변하게 된다. 따라서 예산선의 기울기는 다르게 된다.

② 효율성의 측면이란 대체효과를 야기하는가로 볼 수 있다. 결국 예산선의 기울기가 변하게 되면 대체효과가 발생하여 교란(distortion)을 야기하게 되어 효율성의 상실이 발생한다. 지출세를 지지하는 사람들은 (이자)소득세가 시점 간 자원배분 과정에서 교란을 일으켜 예산선의 기울기가 바뀐다고 주장한다.

③ 지출세 지지자들의 입장에서는 효율성의 측면에서는 현재소비와 미래소비 간에 교란을 야기하지 않게 되는 지출세가 바람직하다고 한다. 그러나 이것도 여가와 같은 일반적인 상황을 모두 고려한 내용에서는 타당하지 않다. 문제에서는 여가까지 고려한 것이 아닌 부분균형을 전제로 했다고 가정하고 있으므로 효율성측면에서 지출세가 소득세보다 바람직하다고 할 수 있다.

④ 지출세를 지지하는 칼도(Kaldor)는 노동의 대가인 소득에 세금을 부과하는 것보다는 소비하는 행위에 대해서 과세하는 것이 더욱 바람직하다고 본다. 저축이란 스스로 소비하고 싶은 욕구를 억누르고 남의 필요에 쓰일 목적으로 저축한 돈에 대해서 과세하는 것은 불공평하다고 주장하였다. 문제의 지문에서 개인이 사회에 기여하는 것은 저축에 해당하고, 개인이 사회로부터 가져가는 것은 소비에 해당한다. 따라서 저축보다는 소비에 과세하는 것이 정당성이 높다고 보았다.

⑤ 칼도는 지출세가 소득세보다 공평성 측면 특히 수평적 공평성 측면에서도 우월하다고 보았다. 소득세제 하에서는 저축성향이 높은 사람이 더 많은 세금을 부과하게 되지만, 이자소득이 과세대상에 포함되지 않는 지출세의 경우는 이러한 문제에서 자유롭게 된다. 따라서 소득세는 수평적 공평성을 저해하게 되지만 지출세는 수평적 공평성을 충족한다.

정답 ①

36	중요도	★★★	난이도	★★★
	출제 포인트	소득세의 세율구조		

▶ 아래의 표에 나타난 우리나라의 소득세율 체계에 관한 설명으로 옳은 것은? (단, 다른 조건은 일정하다고 가정)

과세표준	세율
1,200만 원 이하	6%
1,200만 원 초과~4,600만 원 이하	15%
4,600만 원 초과~8,800만 원 이하	24%
8,800만 원 초과~1.5억 원 이하	35%
1.5억 원 초과	38%

① 세액공제의 증가에 따라 한계세율이 감소한다.
② 과세표준 1.5억 원 초과구간에서 평균세율이 더 이상 오르지 않는다.
③ 동일한 과세표준구간에서 조세수입의 소득탄력성은 평균세율에 비례한다.
④ 최저과세표준 구간의 세율만 하락할 경우, 모든 구간의 납세자 부담이 감소하지는 않는다.
⑤ 과세표준이 1,200만 원을 초과하면 평균세율이 한계세율보다 낮다.

핵심체크

공제제도

1. 세액공제(tax credit)

소득수준에 관계없이 해당 지출에 대해 동일한 요율을 적용하므로 실제 조세감면 효과는 대상자의 소득수준과 무관

2. 소득공제(tax deduction)

과세대상소득에서 일정금액을 빼주는 것으로 누진세일 경우 실제 조세감면 효과는 소득수준이 높을수록 크게 나타남

① 세액공제(tax credit)는 세금을 직접 깎아주는 방식으로 한계세율과 관계가 없이 세액 공제액 그 자체가 바로 세금절감폭이 된다. 따라서 한계세율이 낮은 사람이 상대적으로 더 유리하게 된다.

② 과표가 1.5억 원 이상이 되는 경우에는 한계세율이 38%가 되지만, 평균세율은 한계세율보다 작은 경우 평균세율은 증가하게 된다. 아래의 그림을 참고로 확인하면 쉽게 알 수 있을 것이다.

③ 조세수입의 소득탄력성은 $\varepsilon = \dfrac{\text{조세수입변화율}}{\text{소득변화율}} = \dfrac{\frac{\Delta T}{T}}{\frac{\Delta Y}{Y}} = \dfrac{\Delta T}{\Delta Y}\dfrac{Y}{T} = \dfrac{\text{한계세율}}{\text{평균세율}}$이 된다. 따라서 조세수입의 소득탄력성은 평균세율에 반비례한다.

④ 최저과세표준구간의 세율이 6%에서 4%로 하락하게 된다면 당연히 모든 구간의 납세자 부담이 감소하게 된다.

⑤ 과세표준이 1,200만 원인 경우에는 세율이 6%인데 이때는 한계세율이 평균세율과 같이 6%가 된다. 그러나 그림에서 알 수 있듯이 1,200만 원을 초과하는 경우에 평균세율은 한계세율이 높아지기 때문에 증가하는 형태를 보이게 된다. 이렇게 평균세율이 증가하는 형태를 보인다는 것은 평균세율보다 한계세율이 더 높다는 것을 의미한다. 경제학의 기본원리인 평균보다 한계가 큰 경우에는 평균세율이 증가하게 된다는 것을 알 수 있다. 목욕탕의 물의 평균온도가 40도인데, 추가적으로 물을 한바가지 더 부었을 경우에 평균온도가 높아진다면 이것은 평균온도보다 더 높은 한계온도의 물을 넣은 것임을 알 수 있다. 따라서 평균이 증가하는 형태를 보이게 되면 한계는 평균보다 더 크다.

정답 ⑤

37	중요도	★★★★★	난이도	★★
	출제 포인트	포괄적 소득세제		

▶ **헤이그-사이먼즈(Haig-Simons)의 포괄적 소득세제에 관한 설명으로 옳은 것은?**

① 소득의 발생 사실만으로 과세하는 것은 적절하지 않다는 실현주의에 근거한 소득이다.
② 소비지출과 순가치(개인 잠재소비능력) 증가분의 합을 과세대상으로 삼아야 한다는 입장이다.
③ 포괄적 소득세제는 수평적 공평성을 저해시킨다.
④ 배당금이나 자본이득을 다르게 취급하고, 여가나 내구성 자산으로부터의 귀속소득은 과세대상에서 제외한다.
⑤ 편익원칙에 충실한 과세방식이다.

핵심체크

헤이그-사이먼즈 소득세 : 포괄적 소득세
(1) 개념
① 두 시점 사이에서 발생한 경제적 능력 순증가의 화폐가치=소비지출+순가치(net worth) 변화
- 발생주의 원칙 → 실현되지 않은 자본이득 포함
② 현금소득이나 현물소득뿐만 아니라 발생을 기준으로 한 자본이득(capital gain)을 포함
(2) 장점
① 능력원칙 충실
② 소득세의 세원잠식 문제 해결
③ 수평적 공평성 충족 : 모든 소득을 똑같이 대우
- 현실에선 사내유보를 통한 지본이득은 과세대상 제외
④ 배당률 결정에 중립적 : 배당금과 자본이득 동일 취급

① 포괄적 소득세(comprehensive income)는 발생주의에 입각하여 납세자의 경제적 능력인 소비할 수 있는 능력을 증가시키는 것이면 실현여부와 관계없이 모두 소득으로 본다. 따라서 실현주의가 아닌 발생주의에 입각한 것으로 봐야 한다.
② 헤이그-사이먼즈의 포괄적 소득세는 두 시점 사이에서 발생하는 경제적 능력 순증가의 화폐가치로 소비와 순가치(net worth)의 변화의 합을 과세 대상으로 한다.
③ 포괄적 소득세는 모든 종류의 소득이 동등한 대우를 받기 때문에 본질적으로 같은 소득인데, 서로 다른 대우를 할 때 생겨나는 교란을 피할 수 있다. 따라서 능력원칙 중에서 수평적 공평성에 좀 더 충실한 과세라고 할 수 있다.
④ 포괄적 소득세제는 실현되지 않은 자본이득(capital gain)을 과세대상에 포함시키게 된다. 왜냐하면 실현되지 않은 자본이득이라고 할지라도 납세자의 소비능력이 분명히 커진 것으로 봐야 하기 때문이다. 따라서 배당금이나 자본이득을 동일한 과세대상으로 취급하게 된다. 그리고 귀속소득도 과세대상에 포함된다.
⑤ 포괄적 소득세제는 두 시점 사이에서 경제적 능력의 순증가에 과세를 하기 때문에 능력원칙에 충실하다.

정답 ②

38	중요도	★★★★★	난이도	★★★
	출제 포인트	법인세가 투자에 미치는 효과		

▶ **법인세 부과가 기업의 투자행위에 미치는 영향에 관한 설명으로 옳은 것은?**

① 한계실효세율이 음(−)의 값을 가지는 경우, 법인세 부과가 투자행위를 위축시킬 수 있다.
② 법인세가 부과된 후 자본의 사용자 비용이 감소하면 법인세 부과가 투자행위를 위축시킨다고 해석할 수 있다.
③ 투자세액공제나 가속상각제도의 채택은 자본의 사용자 비용을 증가시킨다.
④ 자본의 사용자 비용과 관련된 한계실효세율 측정은 세후수익률을 세전수익률로 나누어서 구할 수 있다.
⑤ 법인세가 부과된 후 자본의 사용자비용에 변화가 없으면 투자행위에 중립적이라고 해석할 수 있다.

핵심체크

1. 법인세의 성질

과세대상 : 총수입=임금+지대+이자+회계적 이윤+감가상각+중간재 구입비용

↓ (회계적 이윤)

경제적 이윤+자기자본의 기회비용 (법인세 과세대상)

2. 한계실효 세율[킹과 풀러톤(M. King and D. Fullerton)]

① 한계실효세율$=\dfrac{\text{투자계획수익률}-\text{저축자수익률}}{\text{투자계획수익률}}$
② 한계실효세율이 높을수록 (세후실질수익률이 하락하므로) 조세가 투자에 불리하게 작용
③ 한계실효세율이 0보다 크면 조세가 투자를 저해
④ 한계실효세율이 0보다 작으면 조세가 투자를 촉진

3. 투자를 촉진시키는(자본의 사용자 비용을 감소시키는) 방법 : 신고전파 투자모형

(1) 자본의 사용자비용 : 자본의 기회비용(=이자율+감가상각률)

(2) 자본의 사용자비용인하 방법

- 가속상각제도
- 투자세액공제제도
- 이자비용, 감가상각비용, 투자소득공제
- 법인세율 인하
- 일정기간 조세감면(tax holiday)
- 각종 준비금제도로 납세시점 연기

①, ④ 한계실효세율$=\dfrac{\text{투자계획수익률}-\text{저축자수익률}}{\text{투자계획수익률}}=\dfrac{\text{세전수익률}-\text{세후수익률}}{\text{세전수익률}}$을 의미하므로, 한계실효세율이 음수가 된다면 투자를 촉진하게 된다.
② 신고전학파의 투자이론에 의하면 조세를 부과하는 경우 자본의 사용자 비용(자본재 사용의 암묵적 임대가격인 기회비용)이 감소하게 되면 기업이 입장에서는 투자가 증가하게 된다.
③ 투자세액공제나 가속상각제도는 자본의 사용자 비용을 낮추게 되므로 투자를 촉진시킨다.
⑤ 법인세는 자본의 사용자비용을 높이게 된다. 그 결과 투자에 부정적인 효과가 있다. 반대로 법인세를 낮추게 되면 투자는 촉진된다. 만일 자본의 사용자비용에 변화가 없으면 투자에 중립적이다.

정답 ⑤

39	중요도	★★★★★	난이도	★★★
	출제 포인트	법인세 성질		

▶ **법인세에 관한 설명으로 옳지 않은 것은?**

① 법인세 부과는 재화가격의 인상을 통해서 일부 또는 전부가 소비자에게 전가될 수 있다.
② 법인세 부과는 동일한 소득에 대한 이중과세의 문제를 지니고 있다.
③ 법인세가 경제적 이윤에 대한 과세가 되기 위해서는 당기순이익이 경제적 이윤과 같아야 한다.
④ 법인세 부과는 기업의 재원조달방식으로 차입보다 유상증가를 더 선호하게 할 것이다.
⑤ 명목법인세율과 실효법인세율과의 차이는 정부의 법인기업에 대한 지원의 정도를 의미한다.

핵심체크

법인세의 성질: 법인세의 이중과세문제(법인단계에서 법인세, 주주단계에서 배당소득세)

1. 경제적 이윤에 대한 과세라는 관점(신고전파 모형)
- 한계투자가 차입자금으로 조달되고(100% 차입경영)
- 회계적 감가상각=경제적 감가상각
- 법인세부담은 주주에게 귀착(초과부담 없음, 즉 투자저해하지 않음)

2. 자본에 대한 과세라는 관점(하버거 모형)
- 자기자본의 기회비용을 공제하지 않음
- 단기 : 자본소유자에게 부담귀착 vs 장기 : 노동자, 소비자에게 전가
(한계비용상승으로 초과부담발생, 또한 법인-비법인 간의 자원배분왜곡)

① 법인세를 부과하게 되면 기업은 이 조세를 전가시킬 수 있다. 이때 소비자가 부담하는 가격을 상승시켜 소비자 가격을 올림으로써 소비자에게 전가시킬 수 있는데 이를 "전전(forward shifting)"이라고 한다.
② 법인세가 따로 존재하게 되면 법인부문에서 발생한 이윤 중 주주에게 배당된 부분은 법인차원에서 일단 과세가 된 후 개인차원에서 또 한 번 과세가 된다. 특히 법인세는 대략 20%의 세율을 적용하는데, 이에 반해서 개인소득에는 한계소득세율이 6%에서 35%사이에 분포하게 되어 배당소득에 중과세를 하는 결과를 초래하여 조세부담 공평성이 훼손된다.
③ 법인세가 경제적 이윤에 대한 과세인 경우에는 법인세는 당기순이익이 경제적 이윤과 같아져야 한다. 이때는 법인세 부과로 어떤 전가나 초과부담을 야기하지 않게 된다.
④ 현실의 법인세는 차입금에 대한 지급이자는 경비로 인정해주나 자기자본에 대한 귀속이자는 경비로 인정해주지 않는다. 그 결과 타인자본(부채)에 대한 의존도를 높이게 된다.
⑤ 실효법인세율은 세법상의 명목법인세율에다 각종 공제와 감면을 적용한 것으로 명목법인세율보다 낮게 나오는 것이 일반적인데 이것은 정부의 각종 법인기업에 대한 지원의 정도를 나타낸다.

정답 ④

40	중요도	★★★★★	난이도	★★
	출제 포인트	여가와 노동선택		

▶ 시간당 임금률 W_0를 받고 있던 근로자가 여가와 소득 사이에서 선택하는 상황을 가정하자. 여가와 소득에 관한 무차별곡선은 원점에 대해 볼록한 일반적 형태이며, 여가는 열등재이다. 세율 t로 비례소득세가 부과된 경우 소득세가 노동공급에 미치는 효과에 관한 설명으로 옳은 것은?

① 순임금률은 $(1-t)W_0$로 상승한다.
② 소득효과는 노동공급량을 감소시킨다.
③ 대체효과는 노동공급량을 증가시킨다.
④ 대체효과가 소득효과보다 크면 노동공급량을 늘리는 방향으로 작용한다.
⑤ 노동공급곡선은 우하향하는 형태를 가진다.

핵심체크

근로소득세의 효과 (여가가 열등재인 경우)
① 근로소득세 부과 → 세후 순임금률(여가가격) 하락 → 대체효과, 소득효과 발생
② 대체효과 : 근로소득세 부과 → P(여가)↓ → 여가(L)↑, 노동(H)↓
③ 소득효과 : 근로소득세 부과 → m(실질소득)↓ → 여가(L)↑, 노동(H)↓
※ 여가가 열등재인 경우에는 노동공급곡선이 "항상" 우상향
(후방굴절하는 경우는 발생하지 않음)

① 근로소득에 세율 t로 비례소득세가 부과되는 경우에 원래 예산선은 임금률 W_0였으나, W_0-tW_0만큼 하락하게 된다. 따라서 순임금률은 $(1-t)W_0$가 된다.

② 문제에서 주어진 정보에 의하면 여가는 열등재이다. 이 말은 소득이 감소하게 되면 여가의 소비량은 증가한다는 것을 의미한다. 정부가 임금률에 비례소득세를 부과하는 경우에는 실질소득이 감소하게 된다(예산선이 안쪽으로 완만하게 이동). 이때 실질소득감소는 여가의 소비를 증가시키게 되고(∵열등재) 그 결과 노동공급량은 감소하게 된다.

③ 대체효과는 여가와 노동의 선택에서 상대가격인 임금률의 변화로 인한 효과를 말한다. 조세부과로 인한 순임금률이 하락하게 되므로, 여가의 상대가격은 하락하게 되었고 그 결과 여가의 소비량은 증가하게 된다. 여가의 소비량이 증가한다는 것은 노동공급이 감소한다는 것을 의미한다.

④ 문제에서 조세부과로 인해 노동공급에 미치는 효과는 대체효과는 노동공급 감소, 소득효과는 노동공급의 감소로 영향을 미치게 되고, 그 결과 두 효과 모두 노동공급을 감소시킨다.

⑤ 조세부과로 임금률이 하락하게 되고 그에 따른 총효과는 노동공급 감소로 이어진다. 따라서 노동공급곡선은 우상향한다. 참고로 이렇게 여가가 열등재인 경우에는 대체효과와 소득효과가 모두 같은 방향이 되어 노동공공급곡선이 우하향하는 후방굴절되는 결과는 발생하지 않게 된다.

정답 ②

2014 세무사 재정학
기출문제
해설과 답안

01	중요도	★★★★	난이도	★★
	출제 포인트	계약곡선과 에지워스 박스		

▶ A와 B의 효용함수는 각각 $U_A=min\{X_A,\ Y_A\}$, $U_B=min\{X_B,\ Y_B\}$이다. X재와 Y재화의 전체 공급량은 각각 10이다. 계약곡선과 효용가능곡선(utility possibility frontier)의 형태로 옳은 것은?

① 통상적 에지워스 박스에서 우하향하는 대각선, $U_B=5+U_A$
② 통상적 에지워스 박스에서 우하향하는 대각선, $U_B=5+2U_A$
③ 통상적 에지워스 박스에서 우하향하는 대각선, $U_B=10-U_A$
④ 통상적 에지워스 박스에서 우하향하는 대각선, $U_B=10-2U_A$
⑤ 계약곡선과 효용가능곡선은 존재하지 않는다.

핵심체크

최근 재정학에서는 에지워드 박스와 계약곡선 형태문제가 자주 출제되고 있지만, 굉장히 수준 높은 문제일수도 있고, 기본적인 원리인 효용함수와 에지워스 박스에 대한 내용만 잘 알면 쉽게 풀 수도 있다. 재정학 기본강의를 위한 미시경제학 참고하면 될 것이다(응용하는 것은 그리 어려운 일이 아님). 실제 시험에서는 확실하게 미시를 많이 공부하는 것도 방법이지만, 미시를 어설프게 해서는 풀 수 없으므로 과감히 포기할 수도 있다. 개인에게 맞춰 대처하기 바란다.

주어진 정보에 입각해서 보면 $\overline{X}=X_A+X_B=10$이고, $\overline{Y}=Y_A+Y_B=10$이 된다. 즉 에지워드 박스의 형태가 가로 세로 길이가 10인 정사각형이 된다는 의미이다.
무차별곡선의 형태는 완전보완재 형태로 L자 형태를 보이고 있다. 두 무차별곡선 모두 45도 선을 따라서 L자 형태로 원점에서 멀어질수록 효용은 증가한다. 따라서 간략하게 그림을 그려보면 쉽게 알 수 있다. 효용극대화 하는 점을 연결한 계약곡선은 45도의 우상향하는 직선이 되고, 여기서 얻게 되는 두 사람의 효용수준으로 연결한 효용가능곡선은 $U_B=10-Y_A$가 된다.

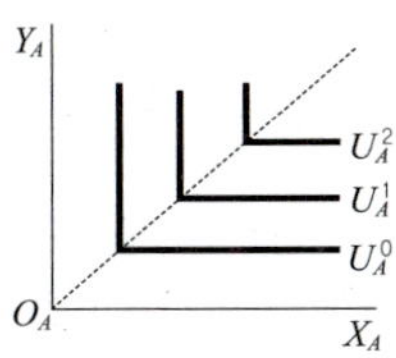

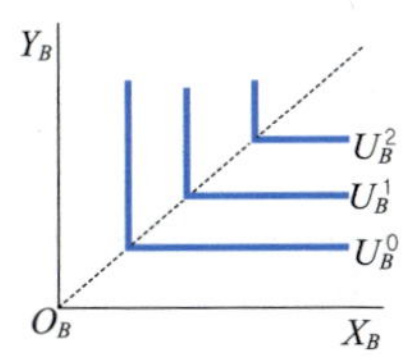

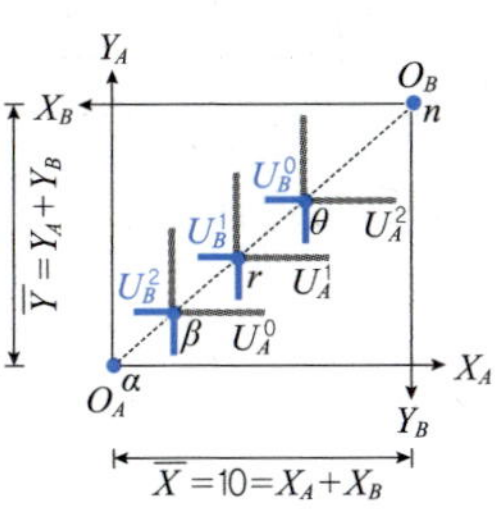

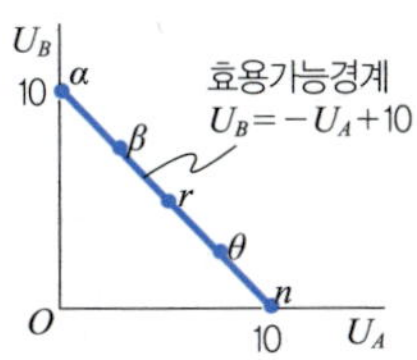

정답 ③

02	중요도	★★★★	난이도	★
	출제 포인트	칼도 보상기준		

▶ **칼도-힉스(Kaldor-Hicks)의 보상기준에 관한 설명으로 옳은 것은?**

① 누군가의 희생 없이는 어떤 사람의 후생증대가 불가능하다.
② 최적의 자원배분을 실현하게 되어 더 이상 파레토 개선이 불가능하다.
③ 칼도-힉스의 보상기준은 실제적 보상이 이루어질 것을 요구한다.
④ 칼도-힉스 보상 기준이 적용된다는 것은 잠재적 파레토 개선이 이루어진다는 것을 의미한다.
⑤ 경제 상태 변화에 따라 손해를 입게 되는 사람의 수가 이득을 보는 사람의 수보다 적을 때에 이루어지게 된다.

핵심체크

- 칼도 기준은 보상이 실제로 일어난 것이 아니고 잠재적인 보상일 뿐
- 보상원칙에 대한 비판으로 "개인 간의 효용비교라는 문제를 잠재적 보상 개념으로 우회"

1. 보상의 원칙
정부의 개입으로 하나의 경제상태에서 새로운 경제상태로 변할 때 어떤 사람은 손해를 입지만 다른 사람의 후생은 증가한다고 하자. 이 경우 이익을 보는 자의 이익이 손해를 보는 자의 손해를 보상하고도 남는게 있으면 새로운 경제상태는 바람직하다는(개선되었다는) 것이 보상원칙이다.

2. 칼도-힉스의 보상기준
특히 이 원칙을 제안한 칼도(Kaldo)와 힉스(Hicks)의 이름을 따서 칼도-힉스기준 혹은 칼도기준이라고 한다. 한 가지 주의할 점은 이 기준이 실제 보상이 이루어지는 것을 평가하지 않고, 이익이 더 크면 사회적 잉여로 남아 전체 이익을 높일 것이라는 가상적 보상을 바탕으로 한다는 것이다. 또한 모든 사람에게 화폐 1원의 사회적 의미가 동일하다는 가정을 바탕으로 한다.

3. 스키토브스키기준(Scitovsky criterion)
한편 칼도-힉스기준을 만족하더라도 새로운 경제상태에서 원래의 상태로 갈 때에도, 즉 그 반대의 경우도 성립하면 이 기준이 의심스러울 수 있다. 따라서 그 반대의 경우는 칼도-힉스기준을 만족하지 못해야 새로운 상태가 바람직하다고 할 수 있다. 이것을 스키토브스키기준(Scitovsky criterion)이라고 한다.

4. 파레토개선
정부의 개입으로 하나의 경제상태에서 새로운 경제상태로 변할 때 다른 사람에게 피해를 주지 않으면서 어떤 사람의 후생이 증가하면 이를 파레토개선이라고 한다. 따라서 파레토효율성은 파레토개선이 없는 상태를 말한다.

① 파레토 최적(효율성)을 의미한다. 더 이상의 파레토 개선이 불가능한 상황을 파레토 최적이라고 한다. 파레토 개선이란 다른 누군가의 희생이 없이도 어떤 사람의 후생이 증가 가능한 상황을 나타낸다.
② 최적 자원배분을 실현해서 더 이상 파레토 개선이 불가능하게 된 경우가 파레토 최적 상황이다.
③, ④ 칼도-힉스 보상의 원리는 실제적 보상이 아닌 잠재적(이론적, 가상적)보상이라는 점에 유의해야만 한다.
⑤ 경제상태의 변화에 따라서 손해를 입게 된 사람의 화폐로 평가한 피해의 가치가 이득을 본 사람의 화폐로 평가한 편익의 가치보다 작아야 칼도-힉스 기준에 의한 개선이라고 할 수 있다.

정답 ④

03	중요도	★★★★	난이도	★★
	출제 포인트	도덕적 해이 방지 방안		

▶ 건강보험(의료보험) 시행과정에서 발생하는 도덕적 해이를 줄일 수 있는 방안을 모두 고른 것은?

(ㄱ) 공제제도(deductibles)	(ㄴ) 영리병원제도
(ㄷ) 공동보험제도(coinsurance)	(ㄹ) 정보의 확산

① (ㄱ), (ㄷ)
② (ㄴ), (ㄹ)
③ (ㄱ), (ㄴ), (ㄷ)
④ (ㄴ), (ㄷ), (ㄹ)
⑤ (ㄱ), (ㄴ), (ㄷ), (ㄹ)

핵심체크

영리병원은 최근에 이슈가 된 내용으로 최근에 영리의료기관과 포괄수가제가 논의의 쟁점

1. 도덕적 해이

(1) 개념 : 상대방의 행동을 관찰하기 어려운 경우, 바람직하지 않은 행동을 하는 현상
(2) 발생원인 : 유인구조 불일치(본인-대리인 문제), 감추어진 행동
(3) 해결책 : 적절한 유인 구조(incentive design)
① 공동보험제도(co-insurance) : 손실액의 일부만 보상해 주는 방식
② 기초공제(deduction)제도 : 비용의 일정액 이하는 본인 부담, 일정액 초과하는 부분만 보상

2. 역선택

(1) 개념 : 정보의 비대칭성으로 인해서 바람직하지 못한 선택을 하는 경우
(2) 발생 원인 : 감추어진 특성, 자기선택(self-selection) 문제
(3) 문제점과 해결책 : bad재의 부정적인 외부성(시장실패)으로 바람직한 자원배분 달성되지 않음

- 신호발송(정보 많은 측), 선별(정보 적은 측), 강제보험, 조건부계약 체결, 평판, 표준화(프랜차이즈)
  ① 상품시장 : 보증, 광고, 평판
  ② 금융시장 : 신용 할당
  ③ 노동시장 : 교육은 신호역할
  ④ 보험시장 : 신체검사, 강제보험(국민연금, 건강보험), 탄력 보험제, 차별화된 보험상품

(ㄱ) 공제제도는 비용의 일정액 이하는 본인이 부담하고, 일정액을 초과하는 부분만을 보상하는 것으로 적절한 유인구조를 통해 도덕적 해이를 억제하는데 도움이 된다.
(ㄴ) 영리병원제도를 도입하게 되면 도덕적 해이로 인한 과다진료 행위를 막을 수가 있다.
(ㄷ) 공동보험제도는 손실액에 대해서 보험사와 피해자가 공동으로 같이 부담하자는 것으로 완전하게 보상해주지 않기 때문에 어느 정도 도덕적 해이를 완화할 수 있다.
(ㄹ) 정보의 확산은 도덕적 해이에 대한 정보를 파악하여 숨겨진 행동으로 인해 발생하는 비대칭정보 문제를 어느 정도 완화시킬 수 있다.

정답 ⑤

04	중요도	★★★★	난이도	★★
	출제 포인트	역선택과 건강보험제도		

▶ 우리나라 건강보험제도에 관한 설명으로 옳은 것은?

(ㄱ) 일반적으로 역선택 문제가 발생한다.
(ㄴ) 진료비는 건강보험에서 전액 부담하는 것이 효율성 측면에서 바람직하다.
(ㄷ) 건강보험 당연지정제가 폐지된다면 의료시장의 양극화가 일어날 수 있다.
(ㄹ) 건강보험을 통해 제공되는 의료서비스는 외부성이 높은 서비스이다.

① (ㄱ), (ㄴ)
② (ㄴ), (ㄷ)
③ (ㄴ), (ㄹ)
④ (ㄷ), (ㄹ)
⑤ (ㄱ), (ㄷ), (ㄹ)

핵심체크

1. 건강보험의 이점
건강보험시장의 실패가 발생할 때 정부가 건강보험을 공급하면 운영상 규모의 경제를 실현하여 생산비용을 낮출 수 있고, 이에 따라 보험료도 낮출 수 있다. 그리고 정부가 모든 가계가 건강보험에 가입하도록 의무화하면 역선택의 문제를 해결할 수 있다. 따라서 정부가 전 국민에게 필요한 건강보험을 제공할 당위성을 가진다.
2. 건강보험의 단점
국민건강보험에 가입하기 싫더라도 사회보험이기 때문에 소득이 있다면 강제로 가입해야 한다.

(ㄱ) 건강보험제도는 병 또는 부상에 대해 예방, 진단, 치료와 출산 혹은 사망 등에 대해서 보험금을 제공해 주는 제도이다. 이 제도는 사회보험으로서 보건복지부, 국민건강보험공단, 건강보험심사평가원에 의해 관리와 운영되고 있다. 일상생활에서 질병 또는 부상으로 치료비가 많이 나오게 되었을 경우에, 가정의 파산을 예방하기 위해서 시행된 이 제도는 건강을 향상시키고 사회보장을 증진하는 것으로서 대한민국 국민이고 소득이 있다면 꼭 가입해야 하는 강제성이 짙은 사회보장제도이다. 강제로 하지 않아 원하지 않는 사람(질병 위험이 높은 사람)만 가입을 할 경우 건강보험제도의 목적과 실현과 운영에 많은 어려움을 겪게 되기 때문이다. 가입자는 보험료를 납부해야 하며, 이때 산정되는 보험료는 직장가입자 및 지역가입자마다 다르다. 건강보험은 가입하기 싫더라도 강제로 가입해야 하므로 역선택의 문제는 해결할 수 있다.

(ㄴ) 진료비를 건강보험에서 전액 보조하게 된다면 과잉진료라는 도덕적 해이를 불러온다.

(ㄷ) 최근(2014년) 헌재는 의사들이 청구한 의료기관의 건보 당연지정제(건보법 제42조 1항 1호) 위헌소송에서 "의사의 직업 자유와 평등권, 의료소비자로서의 자기결정권을 침해한다고 볼 수 없다"고 결정해 의사들의 헌법소원을 기각했다. 지난 1998년, 2000년, 2008년 각각 헌법 소원을 낸 바 있다. 하지만 헌법재판소는 합헌 결정을 내리며 당연지정제의 정당성을 인정했다. 건강보험 당연지정제란 병원, 약국, 보건소에서 건강보험 적용을 거절할 수 없도록 하는 것을 말한다. 따라서 건강보험 가입자들은 모두 건강보험 혜택을 받을 수 있게 된다.

정답 ④

05	중요도	★★★★	난이도	★★
	출제 포인트	사무엘슨의 공공재 공급 모형		

▶ **사무엘슨(P. A. Samuelson)의 공공재 공급모형에 관한 설명으로 옳지 않은 것은?**

① 후생경제학적 입장에서 공공재 최적 공급조건을 처음으로 제시하였다.
② 사회구성원의 공공재에 대한 선호가 모두 알려져 있다고 가정한다.
③ 순수 공공재뿐만 아니라 비순수공공재를 포함한 공공재 공급모형이다.
④ 사회구성원의 소득분배가 주어진 상태에서 공공재의 최적 자원배분모형을 제시하였다.
⑤ 공공재(G)와 사적재(X)에 관한 각 소비자의 한계대체율(MRS_{GX})합이 한계변환율(MRT_{GX})과 같아야 한다.

핵심체크

공공재의 최적 공급조건(일반균형) : 사무엘슨 조건

- 각 개인이 진정한 선호를 표출한다는 가정하에서 모든 개인의 순수공공재의 사용재에 대한 한계대체율의 합이 순수공공재와 사용재 사이의 한계변환율과 같을 때 최적 공급
- 소득분배상태가 주어졌다고 가정
- $\Sigma MRS_{GX}=MRT_{GX}$
- 사무엘슨 조건을 충족하면 파레토 효율적 배분이 이루어짐

① "처음으로"이런 문구를 가지고 틀리게 출제하지는 않는다.
② 모든 사회구성원이 진정한 선호를 표출한다는 가정하에서 MRS를 구할 수 있기 때문이다.
③ 사무엘슨조건은 순수공공재에 대한 최적공급조건이다. 그러나 다른 부분균형모형과는 달리 순수공공재와 사용재(사적재)를 모두 고려하여 일반균형시각에서 접근했다는 점이 특징이다.
④ 공공재의 최적 효율적인 공급에 초점이 맞춰있으므로 소득분배와 같은 것은 논의에서 당분간 배제해야 하는데, 배제하는 방법은 바로 소득분배가 공평하게 주어져 있다고 간주하는 것이다.
⑤ 사무엘슨 조건은 $\Sigma MRS_{GX}=MRT_{GX}$을 충족하는 것으로 공공재와 사적재의 상대적인 편익과 상대적인 비용을 고려한 것이다.

정답 ③

06	중요도	★★★★	난이도	★★
	출제 포인트	린달의 공공재 공급 모형		

▶ 당사자간의 자발적 교환에 의해 공공재의 생산수준과 비용 분담 비율을 동시에 결정하는 린달균형모형에 관한 설명으로 옳지 않은 것은?

① 개별 소비자의 공공재 비용 분담 비율은 그 소비자의 소득에 비례한다.
② 분권화된 준 시장적 해결책(quasi-market solution)이다.
③ 개별 소비자의 공공재 비용분담 비율은 당사자 간의 합의 결과이다.
④ 공공재가 갖는 비배제성 때문에 무임승차의 문제가 발생할 수 있다는 비판이 있다.
⑤ 린달균형에서 공공재 생산량은 최적 생산량이다.

핵심체크

※ 린달의 자발적 교환모형

- 수요곡선의 높이는 각 사람이 생산비용을 어떤 비율로 부담할 용의가 있는지 보여줌
- 자발적 교환의 원리로, 준시장적 해결책으로 현실에서는 기대하기 어려운 점
- 비용부담 "비율"을 강조
- 현실에서는 무임승차문제 가능성으로 인해 진정한 선호를 표출한다는 비현실적인 가정에 기반으로 두고 있으며, 사무엘슨 모형과 본질적으로 동일

1. 린달균형 개념과 특성

① 스웨덴의 경제학자 에릭 린달(E. Lindahl, 1958)은 공공재의 자원배분도 시장경제의 가격기구와 같거나 유사한 방법에 의해 해결되어야 한다고 주장한다. 이는 린달의 자발적 교환이론이라고 불리며, 공공재의 최적공급방법에 대한 선구적 업적으로 평가되고 있다.

② 린달균형은 자발적 협상을 통해 공공재 수준과 린달조세(비용부담비율)를 결정한 결과이다. 따라서 린달조세는 각자의 편익에 따라 조세부담을 하므로 편익의 원칙에 입각한 편익세라고 할 수 있다. 따라서 린달균형은 파레토효율조건을 달성하는 공공재의 배분이 이루어진다.

2. 린달균형 문제점

① 조세가격을 결정하는 개개인들의 공공재에 대한 선호가 진실할 것인가 하는 문제이다. 손해를 보고 있다고 느끼는 사람들은 공공재에 대한 진정한 지불용의액, 즉 한계편익 또는 수요를 낮추어 말할 유인을 가지며, 이익을 보고 있다고 생각하는 사람들은 그 반대로 말할 유인을 가진다(무임승차자의 문제).

② 협상 당사자들이 동일한 협상력을 가지기란 어려울 뿐만 아니라 많은 사람이 동시적 협상을 하기 위해서는 교섭비용이 너무 클 것이다.

① 린달은 자신이 공공재 공급으로 인해 얻게 된 편익에 따라서 공공재 비용분담비율이 결정된다는 것이다. 따라서 소득에 비례하는 것이 아닌 편익에 비례한다고 해야 한다.
② 린달의 자발적 교환은 "교환"이란 말에서 알 수 있듯이 시장의 메커니즘을 활용한 것이라고 할 수 있다. 중앙 집권적인 정부와 대척점에 위치한 시장은 분권화된 것이 특징이다. 그렇다고 완전한 시장은 아니고, 시장의 원리와 비슷하다는 점에서 "준(quasi)"이라는 말을 붙인 것이다.
③ 린달모형은 공공재 비용분담비율이 결정되고, 당사자 간의 합의에 의해서 자발적으로 결정된 것이다.
④ 공공재는 비경합성과 비배제성을 특징으로 하고 있으며, 비배제성으로 인해서 무임승차 문제가 발생한다.
⑤ 린달모형에서 결정된 균형은 자발적 협상에 의한 편익에 따른 최적생산량이다.

정답 ①

07	중요도	★★★★	난이도	★★
	출제 포인트	사무엘슨의 공공재 최저 공급 모형 (계산)		

▶ **국방에 대한 갑의 수요함수는 $Q=45-3P$, 을과 병의 수요함수는 각각 $Q=40-4P$이다. 국방의 한계비용이 25이면 사회적으로 적정한 국방수준과 갑, 을, 병이 각각 부담해야 할 몫은? (단, Q: 국방수준, P: 부담몫)**

① 국방 수준은 10, 갑은 23, 을과 병은 각각 15
② 국방 수준은 12, 갑은 11, 을과 병은 각각 7
③ 국방 수준은 12, 갑은 11, 을과 병은 각각 9
④ 국방 수준은 23, 갑은 21, 을과 병은 각각 20
⑤ 국방 수준은 23, 갑은 15, 을과 병은 각각 10

핵심체크

1. 공공재의 최적 공급조건(부분균형) : 보웬 조건
① 모든 개인소비자들에 대한 한계편익의 합계와 한계비용이 같을 때 순수공공재의 최적 공급규모가 결정됨
② 최적 공급조건
$\Sigma MB = MB_A + MB_B = MC$
2. 공공재의 시장수요 : 공공재의 경우 : 수직합
① 모든 사람이 동일한 양을 소비
② 개인별로 지불하고자하는 사용가격(한계편익)은 다름

공공재의 시장수요곡선은 개인수요곡선의 수직합이므로 가격으로 표현한 다음 이 식을 합하면 된다.

즉 $\sum P = P_{갑} + P_{을} + P_{병} = (15 - \frac{1}{3}Q) + (10 - \frac{1}{4}Q) + (10 - \frac{1}{4}Q) = 35 - \frac{10}{12}Q$

한계편익의 합이 한계비용(MC)와 같은 수준에서 최적 공공재 수량이 결정된다.

따라서 $\sum P = 35 - \frac{10}{12}Q = MC = 25$가 되므로, $Q=12$가 된다. $Q=12$의 값을 개별수요함수에 대입하게 되면 지불하고자 하는 가격을 결정할 수 있다. $P_{갑}=11$, $P_{을}=P_{병}=7$이 된다.

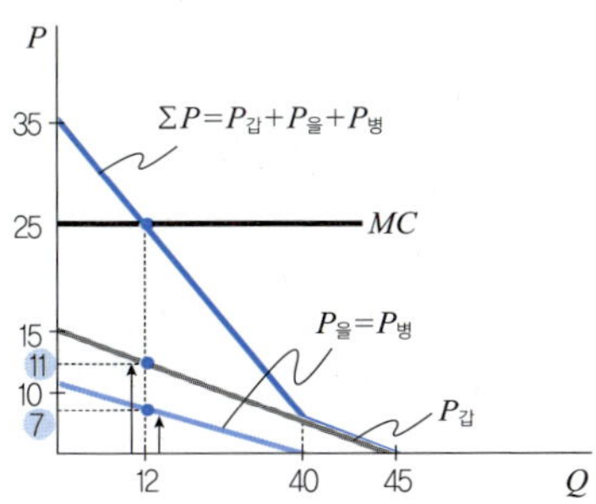

정답 ②

08	중요도	★★★★	난이도	★
	출제 포인트	공공재의 기본 성격		

▶ **공공재에 관한 설명으로 옳은 것은?**

① 국가가 제공하는 의료서비스나 주택서비스는 공공재이다.
② 공공재도 배제가 가능하면 민간에 의해 공급이 가능하다.
③ 클럽재는 혼잡재(congestion goods)의 일종으로 파레토 효율조건은 회원 수와 적절 시설규모 중의 하나만 반영해야 한다.
④ 부캐넌(Buchanan)의 클럽이론은 클럽을 구성하는 모든 소비자의 재화에 대한 이용행태가 모두 상이하다는 것을 전제로 한다.
⑤ 클라크세(Clarke tax)는 공공재 수요자의 진정한 선호를 이끌어내기 위한 제도로서 균형재정을 보장한다.

핵심체크

※ 공공재는 "그 자체의 성격에 의해서 규정되어야 함(not 공급주체 기준)"이라고 강조

1. 공공재의 유형

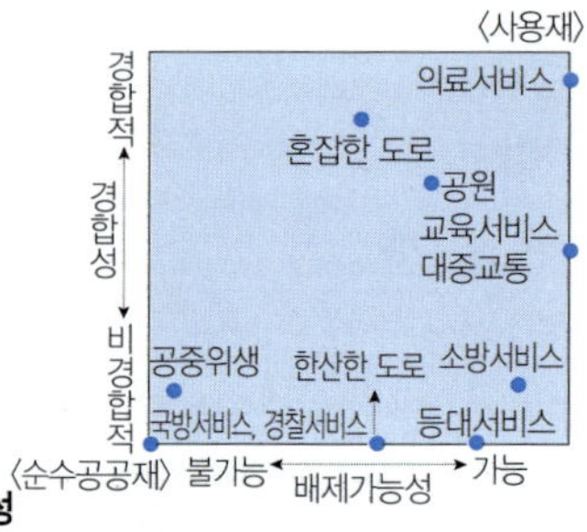

2. 공공재의 특성

(1) 소비의 비경합성(non-rivalry)

① 다른 사람의 소비 가능성이 줄어들지 않음
② 일정한 양의 공공재가 생산되면 모든 사람들이 바로 그만큼 공공재 소비 가능
③ 추가적인 한계비용 = 0

(2) 배제불가능성(non-excludability)

① 대가를 지불하지 않는 사람도 그것을 소비할 수 있다는 의미
② 양(+)의 가격을 부과하려고 해도 불가능하다는 의미

① 공공재는 비경합성과 비배제성을 지닌 특성을 가지고 있어야 한다. 정부도 사적재를 공급하고, 민간도 공동으로 소비할 수 있으며, 비경합성과 비배제성을 지닌 박물관과 같은 서비스를 제공하다면 공공재를 공급하는 것이다. 국가가 제공하는 의료서비스와 주택서비스는 대가를 지불하고, 배제성을 지니고 있으므로 공공재라고 하기 어렵다.
② 케이블TV처럼 대가를 치러야 사용하도록 하는 배제성이 있다면 민간공급이 가능하다.
③ 부캐넌의 클럽재는 회원 수가 정해진 경우에 적정 규모(size)를 구하게 되고, 규모(size)가 주어져 있다면 적정 회원 수를 구할 수 있다. 양쪽의 최적 규모와 최적 회원 수가 일치하는 경우에 모든 것을 종합한 최적이 된다.
④ 혼잡재로 회원의 이용행태가 같을 때 회원 수와 시설규모가 동시적으로 결정된다. 이용행태가 다르게 된다면 간단한 모형으로 나타내기 쉽지 않게 된다.
⑤ 클라크세는 공공재에 대한 진정한 선호를 드러내도록 유도하는 수요표출메커니즘이지만 균형재정을 충족하지 못한다는 한계가 있다.

정답 ②

09	중요도	★★★★	난이도	★★
	출제 포인트	투표의 역설		

▶ 한 국가에서 세 개의 집단 A, B, C가 있고 각 집단의 공교육 지출 규모에 대한 선호는 다음과 같다. 다수결투표제를 통해 공교육 지출규모를 결정하는 경우 다음의 설명 중 옳은 것은? (단, 지출규모는 x>y>z 순서다.)

	A	B	C
1순위	x	y	z
2순위	y	z	x
3순위	z	x	y

① 집단적 선호의 이행성은 충족된다.
② B가 가장 선호하는 안건이 선택된다.
③ 의사진행조작(agenda manipulation)의 문제가 발생한다.
④ 사회적 선호가 일관성 있게 결정된다.
⑤ 투표의 역설(voting paradox)현상은 발생하지 않는다.

핵심체크

투표의 역설(투표의 순환)

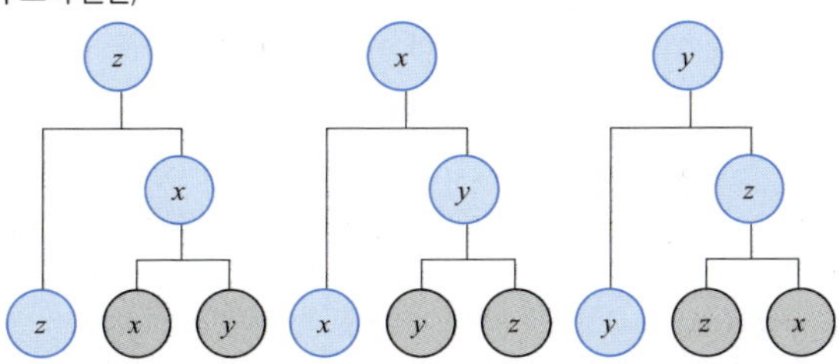

투표대결의 순서에 따라서 상이한 결과를 가져올 수 있는 현상을 투표의 역설(voting paradox) 또는 투표의 순환(cycling of voting)이라고 한다. 이는 사회적 선호가 이행성을 충족시키지 못하기 때문에 발생하는 현상이며, 이러한 결과는 선거제의 민주주의 신념에 커다란 충격을 주었다. 이러한 이유로 의사진행조작이 가능한 것이다.

① 주어진 문제에서 이행성을 만족하지 못하는 이유는 다음과 같다. 처음의 두 안건 x와 y의 투표대결에서 x가 승리하였으나 다음의 두 안건 y와 z의 투표대결에서 y가 승리하였다. 따라서 사회가 이행성을 충족시킨다면 x가 z보다 더 선호되어야 한다. 하지만 x와 z에 대한 투표를 해보면 z가 승리한다. 따라서 이행성을 위배하게 된다.
② 투표의 결과는 순환하게 된다. 따라서 일관성이 있는 결과를 얻지 못한다.
③ 순서를 다르게 한다면 결과가 달라지기 때문에 의사진행의 조작이 일어날 수 있다.
④ 이행성을 위배하기 때문에 일관성이 있는 결과를 얻지 못한다.
⑤ 투표대결의 순서에 따라서 결과가 달라지는 투표의 역설이 발생한다.

정답 ③

10	중요도	★★★★	난이도	★★
	출제 포인트	투표거래와 공공선택이론		

▶ **투표거래(logrolling)에 관한 내용으로 옳지 않은 것을 모두 고른 것은?**

(ㄱ) 소수자를 보호할 수 있다.
(ㄴ) 공공재 공급의 효율적인 결과를 낳을 수 없다.
(ㄷ) 재정지출규모가 억제되는 효과가 있다.
(ㄹ) 다양한 공공재를 공급하게 할 수 있다.
(ㅁ) 다수결투표제 하에서는 투표거래가 발생하더라도 선호의 강도가 반영될 수 없다.

① (ㄱ), (ㄴ), (ㄷ)　② (ㄱ), (ㄹ), (ㅁ)　③ (ㄴ), (ㄷ), (ㄹ)
④ (ㄴ), (ㄷ), (ㅁ)　⑤ (ㄴ), (ㄹ), (ㅁ)

핵심체크

정치적 결탁(logrolling)의 긍정적인 측면과 부정적인 측면

과반수투표제는 모든 안건에 대해서 선호강도가 동등하다는 가정을 한다. 그러나 현실적으로 모든 안건에 대하여 선호강도가 다르며, 이로 인해 연합과 정치적 결탁이 가능하다.

연합은 서로 다른 안건에 선호강도가 높은 두 투표자가 투표거래 혹은 표 교환행위(vote trading)를 위해 결성한 집단이라고 할 수 있다. 이렇게 결성된 승리연합이 표를 주고받는 투표거래를 행할 때 이것을 정치적 결탁이라고 할 수 있다.

투표거래에 의한 정치적 결탁이 없다면 선호강도가 높은 소수가 낮은 선호강도를 가진 다수에 의해 모든 안건이 부결된다. 그러므로 투표거래는 공공재에 대한 개인들의 선호강도를 표출시키는 좋은 방법이 될 수 있다. 과반수투표제에서도 투표거래를 통해 서로 선호강도가 높은 안건을 주고받으면 사회후생수준이 가장 높게 된다.

정치적 결탁(logrolling)의 개념과 긍정적인 측면과 부정적인 측면에 대해서 언급하고 있다. 표거래 행위를 통해서 효율적이고, 선호의 강도가 반영될 수 있다는 점(다양한 공공재 공급 가능)이 특징이지만, 일반대중의 희생하에서 특정집단의 이익을 보장하는 야합이 발생할 수도 있다고 지적하고 있다. 이때 부정적인 측면에서는 야합이 되지만, 긍정적인 측면에서는 소수자들의 다양한 선호가 반영될 수 있다는 점은 긍정적일수도 있다. 출제자는 특정 집단의 이익을 긍정적인 측면에서 바라보고 출제하였다.

(ㄱ) 선호강도가 높은 소수에 의해 안건이 결정되므로 소수를 보호할 수 있다.
(ㄴ) 투표거래를 통해 서로 선호강도가 높은 안건을 서로 주고받으면 전체 효용이 증가한다.
(ㄷ) 투표거래를 통해서 거래에 참여하는 투표자들이 원하는 모든 안건이 통과되면 재정지출규모가 증가한다.
(ㄹ) 투표거래를 통해 다양한 안건이 통과되어 실행된다.
(ㅁ) 과반수투표제에서도 투표거래를 통한다면 서로 선호강도가 반영될 수 있고, 이를 통해서 높은 안건을 주고받게 된다면 사회후생수준도 증가할 수 있게 된다.

정답 ④

11	중요도	★★★★	난이도	★★
	출제 포인트	공공선택이론과 관료제 모형		

▶ **공공선택에 관한 설명으로 옳지 않은 것은?**

① 니스카넨(Niskanen) 모형에서 관료는 총편익과 총비용이 일치하는 수준까지 예산을 확대한다.
② 니스카넨 모형에서 관료는 과잉생산의 경향을 보인다.
③ 다운즈(Downs)의 득표극대화모형에서 정치가는 정부의 경제활동에 따른 순편익을 극대화하려 한다.
④ 미그-빌레인저(Migue-Belanger) 모형에서 공공서비스 생산은 니스카넨 모형보다 더 적다.
⑤ 특수이익집단이 갖는 강점은 구성원들이 공유하는 명백한 목적의식, 조직력, 높은 투표율 등이다.

핵심체크

1. 니스카넨 모형
① 관료들은 예산 규모가 커질수록 직책상의 특권과 영향력, 권한이 커짐
② 예산 규모의 극대화를 추구 → 사회적 순편익이 0이 되는 수준
③ 예산의 비효율적인 집행 가능성과 현실에서 관료들이 예산 확보 노력 이유 설명
④ 제1급 가격차별 성격(예산편성의 독점권)
⑤ 주인-대리인 모형의 일종

2. 미그-빌레인저 모형
① 관료들의 목적함수는 효용극대화로 효용에는 예산 및 기타 직책상의 특권이 포함됨
② 효용극대화를 추구하는 관료는 공공재 공급량이 사회적 최적 수준을 초과하지만, 니스카넨 모형보다는 적은 수준

3. 다운즈 모형
① 정치가는 득표를 극대화
② 자신의 이익을 추구하는 정치가라면 투표자의 의사를 충실하게 반영
③ 투표자가 공공재편익을 과소평가하면 정치가는 공공재의 과소공급 지지
④ 최소차이의 원칙(호텔링의 원칙) : 중위투표자의 표를 얻기 위해 각 정당들의 정강이 유사해짐

4. 로비집단 모형
① 철의 삼각형 : 정치가, 관료, 로비집단이 연합
② 합리적 무지(무시) : 개인들은 정책이나 정강정보를 얻는 비용이 편익보다 커서 무시하는 것이 합리적이기에 로비집단이 다수 개인들보다 더 큰 영향력 과시
③ 포획이론 : 기존기업은 로비를 통해 정부가 시장규제를 만들도록 유도

① 니스카넨 모형에서는 총편익과 총비용이 일치하는 순편익이 0이 되는 수준까지 예산을 확대한다.
②, ④ 니스카넨모형에서는 관료의 예산규모 극대화를 추구하다보니 과잉생산하는 경향을 보인다. 마찬가지로 미그빌레인저 모형에서도 과잉생산을 보이지만, 니스카넨모형 보다는 작다.
③ 다운즈의 표극대화 모형에서 투표자는 공공재의 편익을 과소평가하게 되므로 공공재는 과소공급 되고 그 결과 순편익이 극대화되지 않는다.
⑤ 특수이익집단은 구성원들 자신의 이익을 위해서 최선을 다하게 되고, 단결력이 크다는 점이 특징이다.

정답 ③

12	중요도	★★★★	난이도	★★
	출제 포인트	피구의 공해세		

▶ **피구(A.C.Pigou)의 공해세가 부과될 때 나타나는 효과로 옳은 것은?**

① 공해세 부과는 사적 한계비용을 낮추어 상품가격을 하락시키는 결과를 초래한다.
② 공해세 부과는 사회적 한계비용을 높여 상품가격을 상승시키는 결과를 초래한다.
③ 공해세 부과는 사회적 한계비용을 낮추어 상품가격을 하락시키는 결과를 초래한다.
④ 공해세 부과에도 불구하고 상품가격이 불변이라면 그렇지 않은 경우보다 생산량이 크게 감소한다.
⑤ 공해세 부과의 가장 큰 장점은 공해를 완전히 제거하는 것이다.

핵심체크

■ 피구세 부과로 인한 사회적 최적 배분은 "공해물질의 배출수준이 0으로 떨어져야만 가장 효율적인 자원배분이 달성된다고 말할 수 없음"을 강조

1. 부정적 외부성과 피구세

부정적 외부성의 경우 가격이 자원의 상대적 희소성을 올바르게 반영하지 못한 데 대해 20세기 초 피구(Pigou)는 세금과 보조금 등을 통하여 치유될 수 있는 방법을 제시한다. 파레토균형을 달성하기 위하여 피구가 제시한 해결방법은 피구세(Pigouvian tax)를 부과하는 것이다.

2. 최적 피구세

피구세는 일종의 배출부과금으로 강 상류 기업에게 폐수방출이 증가할 때 어부가 입는 추가적 피해액만큼을 생산단위당 세금으로 부과하여 기업 스스로 이 세금을 줄이는 노력을 하도록 이끈다. 보다 엄밀하게 설명하면, 외부성을 고려한 사회적 한계편익과 사회적 한계비용이 일치하는 최적생산량수준에서의 한계피해액만큼 단위당 세금을 부과하면 자발적으로 최적생산량수준을 선택할 수 있다.

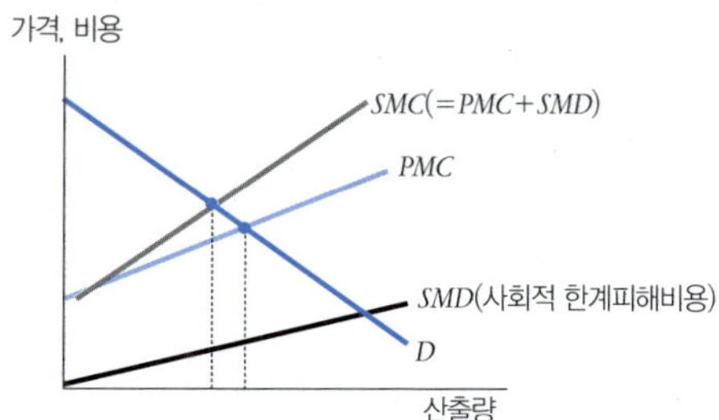

(생산의 부정적 외부성)

①, ②, ③ 공해세 부과는 기업의 사적한계비용에 영향을 미치나 사회적 한계비용에는 아무런 영향을 미치지 못한다. 공해세 부과는 기업의 사적한계비용을 높여서 상품가격을 상승시킨다.
④ 공해세를 부과했는데, 상품가격이 불변이라고 한다면 수요곡선이 수평이라는 것을 의미한다. 따라서 공급곡선의 상방이동은 생산량의 더 큰 폭의 하락을 야기한다.
⑤ 공해세를 부과한다고 해서 공해를 완전히 제거하는 것은 아니다. 공해로 인한 사회적 후생손실을 완전히 제거한다고 표현해야 한다. 공해를 완전히 제거한다면 자동차, 전기 모든 문명의 이기를 다 없애고 원시시대로 돌아가야만 한다.

정답 ④

13	중요도	★★★★	난이도	★★
	출제 포인트	외부불경제의 해결방법		

▶ **외부성의 문제를 해결하는 방법으로 옳지 않은 것은?**

① 오염 배출행위로 인한 사회적 피해액을 반영하여 조세를 부과하면 외부성의 해결이 가능하다.

② 일정량의 오염물질 배출을 허가하고 이 허가서의 거래를 가능하게 함으로써 외부성의 해결이 가능하다.

③ 세금부과로 효율적 산출량을 얻을 수 있으며 보조금 지급(보상)을 통해서도 효율적 산출량을 얻을 수 있다.

④ 시장을 이용하지 않고 정부가 직접 규제할 경우 더 많은 경제적 비용이 소요된다는 실증연구가 있다.

⑤ 공해유발기업의 평균비용과 시장수요에 대한 정확한 정보를 가지고 있다면 세금부과를 통하여 외부성을 해결할 수 있다.

핵심체크

※ 오우츠의 연구결과 "직접통제방식을 사용할 경우 시장을 활용하는 경우보다 10배나 많은 경제적 비용 소요"를 명확히 제시

※ 앞으로는 아직까지는 한 번도 언급된 적은 없으나 오염허가서를 중심으로 시장봉쇄효과와 완전혼합(perfect mixing)문제도 체크해 둘 필요가 있다.

1. 외부성 개념

어떤 행위가 제3자에게 의도하지 않은 혜택이나 손해를 가져다주는데, 이에 대해 대가를 받지도 지불하지도 않을 때 외부성이 발생한다고 함

2. 외부성과 자원배분

① 소비의 외부성 : 사적 한계편익±외부성=사회적 한계편익

② 생산의 외부성 : 사적 한계비용±외부성=사회적 한계비용

③ 문제의 핵심은 환경의 소유권 부재로 비효율적 자원배분

3. 해결방식

① 시장을 활용한 방식 : 환경세, 오염허가서, 피구적 보조금, 소유권의 확립

- 적절한 유인을 통해 오염배출자 스스로 배출을 억제 유도
- 요구되는 정보의 양이 상대적으로 적음.
- 장기적으로 효율적이고 경제적인 정화기술의 개발촉진

② 비시장적 해결방식 : 직접 규제(환경기준, 배출허용기준)

① 오염배출행위로 인한 사회적 피해액을 반영한 피구세의 부과는 외부성을 내부화 시킬 수 있다.

② 오염배출권제도를 설명한 것이다.

③ 외부성을 고려한 최적의 효율적인 생산량을 달성하기 위한 수단으로는 조세와 보조금 모두 동일한 목적 달성이라는 효과를 얻을 수 있다. 그러나 조세와 보조금이 경제전체에 미치는 효과는 당연히 다르다고 봐야 한다.

④ 오우츠의 실증연구에 의하면 직접규제가 시장의 원리를 활용하는 것과 비교했을 때 효과는 확실하다는 장점은 있으나 비용이 10배 이상 많이 드는 것으로 나왔다.

⑤ 공해유발기업의 평균비용이 아니라 한계비용과 시장수요에 대한 정확한 정보를 가지고 있다면 세금부과를 통하여 외부성을 해결할 수 있다.

정답 ⑤

14	중요도	★★★★★	난이도	★★
	출제 포인트	BC분석에서 시장에서 거래되지 않는 재화 잠재가격 설정		

▶ **시장에서 거래되지 않는 재화의 가치측정방법에 관한 설명으로 옳지 않은 것은?**

① 환경과 같은 비시장재화의 가치 측정은 이중계산이나 과대계상의 위험성을 가지고 있다.
② 통계적 생명의 가치는 장래기대소득의 현재가치를 계산하는 방법을 이용하여 측정할 수 있다.
③ 환경의 가치를 설문조사나 주민들의 선호도 조사를 통해 측정하는 방법을 조건부가치평가법(CVM)이라고 한다.
④ 시간의 가치는 서로 다른 시간이 소요되는 상이한 교통수단에 지불되는 비용의 가치를 이용하여 평가할 수 있다.
⑤ 통계적 생명의 가치는 특정 사업장에서 발생할 수 있는 위험에 따른 임금격차 금액에 사망사고 발생확률을 곱하여 측정할 수 있다.

핵심체크

1. 시간의 가치
절약된 시간이 생산량의 증가를 가져온다면 시간당 임금수준을 절약된 시간의 단위가치로 평가할 수 있다.
2. 생명의 가치
사망할 경우 일생 동안 벌 수 있는 미래의 기대소득의 현재가치만큼 잃게 되므로 이것을 생명의 기회비용으로 보는 것이다. 이러한 방식은 인적자본접근법(human capital approach)이라고 할 수 있다. 사망을 피하기 위해 일생 동안 지불할 용의가 있는 최대지불용의액을 생각할 수 있다. 이러한 방식을 지불용의접근법(willingness-to-pay approach)이라고 부를 수 있다.
테일러와 로젠(R. Thaler and S. Rosen, 1975)은 사망위험에 대한 보상으로 받는 임금격차를 A, 사망할 확률이 P이면 생명의 가치는 A/P원으로 구할 수 있다고 한다.(『정석재정학』(박환재, 2012) 참조)
3. 환경의 가치
회피비용법 또는 방어비용법(averting or defensive expenditures method), 여행비용법(travel cost method), 속성가격법(hedonic price method) 등이 있다. 실제행동을 관찰할 수 없어 간접적으로도 가치를 유추할 수 없는 가상적인 경우, 사람들이 얼마나 지불할 용의가 있는지를 직접 물어서 가치를 평가하는 방법을 생각할 수 있다. 이러한 방법에는 조건부 가치평가법(contingent valuation method)이 있다.

① 비용편익분석에서 특히 환경과 같은 시장가치를 측정할 때 이중계산하거나 과대계상하는 경우가 많다.
② 인적자본접근법을 통한 통계적 생명의 가치는 사망할 경우 일생동안 벌 수 있는 미래기대소득의 현재가치만큼 잃어버리게 된 화폐가치로 측정할 수 있다.
③ 환경의 가치를 시나리오 상황별로 설문조사를 이용해서 측정하는 방법을 조건부가치평가법이라고 한다.
④ 시간의 가치는 시간이 얼마나 절약되었는지, 그 가치를 시간당 임금으로 곱해서 계산한다.
⑤ 통계적 생명의 가치는 특정 사업장에서 발생할 수 있는 위험에 따른 임금격차 금액에 사망사고 발생확률을 곱하는 것이 아니라 나누어 측정할 수 있다.

정답 ⑤

15	중요도	★★	난이도	★
	출제 포인트	내부수익률법 계산		

▶ 다음은 환경관련 기초시설 사업의 기간별 비용과 편익이다. 이 때 내부수익률은 얼마인가?

	0기	1기	2기
편익	0	15	18
비용	25	0	0

① 0.05
② 0.08
③ 0.10
④ 0.15
⑤ 0.20

핵심체크

1. 내부수익률 개념
어떤 투자계획에서 투자를 1원 할 때 손해 보지 않고 평균적으로 매년 올릴 수 있는 기대수익률을 내부수익률(internal rate of return)이라고 한다. 즉, 내부수익률이란 어떤 투자계획의 순편익의 현재가치를 0으로 할 때 투자 1원당 기대되는 평균수익률이라고 말할 수 있다.

2. 내부수익률 계산법
지금(0기)부터 n기 이후까지 매기 편익과 비용이 각각 B와 C만큼 발생하는 사업이 있을 때 내부수익률은 어떻게 나타낼까? 이때에는 순편익의 현재가치를 0으로 하는 식에 내부수익률을 자금의 기간당 할인율로 대체·사용하여 내부수익률(ρ)을 정의한다.

$$MPV = B_0 - C_0 + \frac{B_1 - C_1}{(1+\rho)} + \frac{B_1 - C_1}{(1+\rho)^2} + \cdots\cdots \frac{B_n - C_n}{(1+\rho)^n} = 0$$

이 식에서 구한 ρ값이 내부수익률로서 투자계획에 사용되는 자금의 기회비용, 즉 할인율보다 크면 그 사업은 수익성이 있는 사업으로 인정받아 채택될 수 있다. 그 반대의 경우에는 당연히 기각하는 평가기준이다

$NPV = 0 - 25 + \frac{15-0}{(1+\rho)} + \frac{18-0}{(1+\rho)^2} = 0$ 이것을 풀면 $\rho=0.2$가 된다.

정답 ⑤

16	중요도	★★★★	난이도	★
	출제 포인트	소득재분배 정책		

▶ **소득재분배 정책에 관한 설명으로 옳지 않은 것은?**

① 소비세를 재원으로 한 공공부조는 소득재분배 수단이 될 수 없다.
② 소비세보다 소득세를 징수하는 것이 소득분배의 공평성을 높일 수 있다.
③ 공공부조는 국가의 도움에 의존하려는 성향을 갖게 하는 문제점이 있다.
④ 부의 소득세 제도는 일정수준 이하 저소득층의 가처분소득을 증가시키는 효과가 있다.
⑤ 절대빈곤층을 대상으로 하는 공공부조는 대표적인 소득재분배 정책이다.

핵심체크

1. 재분배정책
(1) 누진세 제도
(2) 사회복지제도 = 사회보험(기여원칙) + 공공부조(비기여) + 사회복지서비스(비기여)
① 사회보험제도 : 민간부문의 보험과 비슷하게 운영하면서, 제한적으로 재분배 효과 추구
② 공공부조 : 극빈계층에 초점(인간다운 생활 권리), 재분배효과 극대화, 국민기초생활보장제도
■ 사회보험은 비스마르크형(독일, 중앙집권적)과 베버리지형(영국, 민간자발적)으로 나눔
③ 사회복지서비스 : 취약계층에 초점(장애인·노인·아동 등의 시설이용과 경비부조)

2. 부의 소득세
(1) 기본성격
음의 세율 적용되는 누진적 소득세제의 연장선
(2) 장점
① 행정적으로 단순 + 별도의 수혜심사 없음(∵ 일반적인 조세 체계 안에서 운영)
② 현금 제공 → 수혜자가 마음대로 처분 가능 (▶ 후생 측면 유리)
③ 수치심 제거 → 일종의 권리로 인식
(3) 단점 : 특정그룹의 특수 요구에 응하기 어려움

① 소득세든 소비세든 정부의 조세수입으로 인해서(재정수입의 재원이 무엇이든 상관없이) 공공부조는 극빈계층에 초점, 재분배효과 극대화, 인간다운 생활을 할 권리를 위해서 마련된 소득재분배수단이다.
② 소득세는 경제적 능력에 따라 누진적으로 부과하므로 모든 사람에게 일정 비율로 부과하는 소비세보다 소득분배의 공평을 높인다.
③ 공공부조는 비기여를 원칙으로 지급되므로 근로의욕을 저하시킨다.
④ 부의 소득세는 일정 수준이하에서는 소득보조를 받게 된다.
⑤ 공공부조는 사회보험제도보다 저소득층 계층을 위한 재분배정책이다. 사회보험은 보험이라는 민간의 기여원칙이 기반으로 깔려 있기 때문에 재분배효과가 제약된다.

정답 ①

17	중요도	★★★★	난이도	★★
	출제 포인트	가격보조 효과 (사회복지정책의 비교)		

▶ 가격보조에 관한 설명으로 옳지 않은 것은?

① 소비자에게 가격보조를 하면 상품의 가격이 인상될 수 있다.
② 소비자에게 가격보조를 하든 생산자에게 가격보조를 하든 소비증대 효과는 동일하다.
③ 가격보조로 인해 소비가 증대되어도 후생비용은 발생하지 않는다.
④ 가격보조는 소비 촉진효과를 기대하고 도입한다.
⑤ 가격보조는 상품 한 단위당 정액으로 보조하거나 가격의 일정비율을 보조하는 방법이 있다.

핵심체크

■ 정부지출의 경제적 효과를 자원배분의 측면에서 가격보조 방식, 소득보조, 현물보조에 대한 비교설명이 있다. 가격보조의 경우는 기울기가 바뀌기 때문에 사회적 후생손실(사중손실, DWL)이 발생할 수 있다.
아마도 ①에서 가격보조로 인해서 상품의 가격인 인상"될 수 있다"를 답으로 고른 학생들이 많이 있을텐데, 재정학의 특성인 "~할 수 있다"라는 표현의 접근법에 대해서 마인드가 형성되지 않아서라고 생각된다. 다른 것은 단언적인 표현이고, ①만 아마도~라는 뉘앙스를 가지고 있다.

1. 현금보조방식 : 정부가 저소득층에게 현금보조를 통해 구매력을 증가시키는 방식이다.
2. 현물보조방식 : 정부가 생활필수품 등의 현물을 무상으로 주는 방식이다.
3. 가격보조방식 : 정부가 저소득층 등의 특정계층이 구입하는 상품에 할인혜택을 주는 방식이다.

이 중에서 가격보조방식은 상대가격체계를 교란시켜서 시장의 왜곡을 초래한다. 일반적으로 현금보조가 후생 측면에서 가장 우월하고, 그 다음은 현물보조이다. 가장 우월한 현금보조 대신 현물보조나 가격보조를 사용할 때에는 온정적 간섭주의(paternalism)의 관점에서 공공주택, 의료시설 등과 같은 가치재의 소비를 촉진하기 위해서이다. 그림에서 E1F의 길이가 가격보조하의 보조금 지급액이 된다. GF의 길이가 현금보조하의 보조금 지급액이 된다. 이것은 HA와도 길이가 같으며, 가격보조의 경우와 비교할 때 더 적은 보조금으로 가난한 사람에게 동일한 효용을 줄 수 있다는 것을 의미한다.

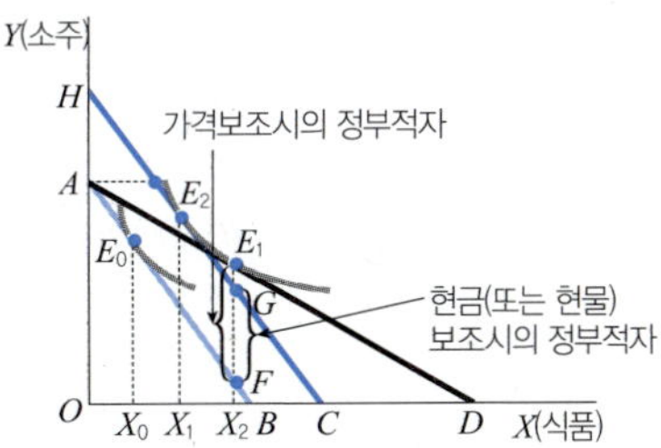

① 소비자에게 가격보조를 하면 직접적으로 보조상품의 상대가격하락으로 상품 가격은 하락하게 된다. 그러나 여기서는 가격보조로 소비자의 실질소득 증가로 인해서 상품에 대한 수요가 증가할 수 있고, 수요의 증가로 인해서 가격은 인상될 수도 있다. 약간 애매한 지문이지만 명백하게 틀린 것이 있고, 인상될 수 있다고 조심스러운 표현을 사용했기 때문에 맞는 것으로 봐야 한다.
② 조세부과를 생산자에게 하든 소비자에게 하든 경제적인 효과가 동일한 것과 마찬가지로, 가격보조를 소비자에게 하든 생산자에게 하든 소비의 증대효과는 동일하게 된다.
③ 가격보조는 보조대상의 상품의 가격을 할인해주는 것이다. 가격할인으로 상대가격변화는 대체효과를 야기하게 되고 그 결과 사회적 후생손실(DWL)이 발생하게 된다.
④ 가격보조는 해당상품의 소비촉진을 위한 것이다. 보조 수혜계층의 후생측면이 아닌 소비촉진 측면에서는 가격보조가 가장 효과가 크다.
⑤ 가격보조는 정액보조 혹은 정률보조를 해줄 수 있다.

정답 ③

18	중요도	★★★	난이도	★
	출제 포인트	교육바우처 제도		

▶ **일정 연령의 아동이 있는 저소득층 가구에게 교육바우처가 지급될 경우 발생할 수 있는 결과로서 옳지 않은 것은?**

① 저소득층 가구의 사립학교 진학률이 높아질 수 있다.
② 저소득층 가구의 교육기회를 확대하는 효과가 있다.
③ 고소득층 가구의 공교육비 지출이 늘어난다.
④ 개인들의 선호에 따른 교육을 가능하게 한다.
⑤ 학교 간 경쟁이 가능하여 공교육의 수준을 높일 수 있다.

핵심체크

1. 교육바우처 개념

교육 바우처 제도는 학부모에게 세금의 일부인 공적 자금을 제공하여 자녀들을 원하는 학교에서 공부할 수 있도록 한다. 학생과 학부모에게 학교 선택권을 부여함으로써 공립학교 혹은 사립학교 중 원하는 학교를 선택하는데, 이때 수업료의 전부 혹은 일부의 재원을 국가가 제공한다.

2. 교육바우처의 장점

① 학생·학부모의 학교 선택권을 최대한 보장한다는 점
② 공공 서비스의 일부인 학교교육에 자유경쟁이라는 시장경제체제의 원리를 도입함으로써 서비스의 질을 향상시킬 수 있다는 점
③ 학교 운영의 투명성을 제고할 수 있다는 점
④ 학생의 학습권을 최대한 보장하여 이에 적합한 학교 선택의 기회를 주고 있기 때문에, 다양하고 다문화적인 교육내용을 담보할 수 있다는 점
⑤ 관료제에 따른 위로부터의 학교 혁신보다는 단위학교를 중심으로 한 아래로부터의 학교 개혁이 자리를 잡을 수 있다는 점

3. 교육바우처의 단점

① 교육 바우처 제도가 공공재원을 바탕으로 하고 있는 공교육을 정상화시키기보다는 오히려 악화시키는 계기가 될 것이라는 점
② 교육 바우처의 실용적 가치에 문제가 제기

재정학에서는 이런 문제가 한 두 문제 등장한다. 이때 이 내용을 다 알아야만 하는가? 그렇지가 않다. 재정학의 책들도 많이 있고, 특히 원서를 교재로 사용하는 학교도 많이 있기 때문에 우리나라에는 보기 힘든 교육바우처와 같은 외국에서는 많이 볼 수 있는 제도가 출제되기도 한다.

이때 대응하는 방법이 재정학적 마인드를 이용해서 상식선에서 해결하는 것이다. 미국에서는 고소득층은 공립학교의 질이 너무 떨어져 비싼 사립학교를 선택하는 경우가 많다. 따라서 저소득층은 이러한 질 좋은 사립학교는 선택할 수 없고, 질 낮은 공립학교에 다녀야만 하므로 공교육의 경쟁을 통해 이러한 공교육의 질을 높이는 방법의 하나가 바우처제도이다. 따라서 기본적으로 고소득층과 공교육을 연결시키는 것을 밸런스가 맞지 않다.

③은 고소득층 가구가 사립학교를 다니고 있는 현실과 다른 서술을 하고 있다.

정답 ③

19	중요도	★★★★	난이도	★★
	출제 포인트	고용보험제도(실업보험제도)		

▶ **고용보험제도(실업보험제도) 실시의 영향으로 옳지 않은 것은?**

① 불황일 때 유효수요를 줄여 경기를 위축시킨다.
② 고용보험의 급여수준이 증가하면 실업기간이 늘어나는 경향이 있다.
③ 고용보험 지급기간이 장기간인 국가일수록 실업률이 높아지는 경향이 있다.
④ 직업탐색 기간이 길어져 직업숙련도 및 기술에 보다 적합한 직업을 찾을 수 있다.
⑤ 고용이 안정적인 집단은 그렇지 않은 집단과 비교하여 상대적으로 불리할 수 있다.

핵심체크

1. 고용보험의 당위성
고용보험은 근로자가 실업을 당하거나 산업구조조정으로 다른 직업능력을 개발할 때 필요한 사회보험이다. 고용보험의 당위성은 실업이나 재취업과 같은 미래의 위험과 불확실성을 감소시켜 안정적 소득을 확보하는 데 있다. 보험시장에서 보듯이 민간보험회사들이 근로자가 동시적으로 겪을 수 있는 실업의 사회적 위험에 대처하기 어렵고, 운영상 규모의 경제를 실현하기 어렵고, 역선택과 도덕적 해이의 문제로 시장실패를 초래하므로 정부가 이것을 보완하고 해결하기 위해서 필요한 사회보험제도이다.
2. 고용보험의 경제적 효과
① 고용보험제도는 주로 고용상태가 불안정한 저소득계층에게 낮은 보험료율을 적용해주면 기여금에 비해 혜택이 크게 돌아가는 소득재분배의 효과가 있다.
② 직업탐색이론에 의하면 고용보험이 직업탐색기간을 길게 하여 노동공급을 감소시킨다. 또한 도덕적 해이 모형에 의하면 일을 하는 근로자에게 도덕적 해이가 생겨 노동공급(노동시간)이 감소한다(그러나 기술숙련도가 높은 직업을 찾기는 용이하다). 이러한 이유로 실업의 위험을 일부 보상하는 부분보험제도를 사용한다.
③ 그리고 고용보험은 경기호황시 보험금지급이 줄고 경기불황시 보험금지급이 늘어 경기신축적 자동안정화기능을 한다.
※ 재정학의 최근 연구동향은 미시적인 기반을 둔 접근(microeconomic-based approach)을 하고 있어서 응용미시경제학으로 분류되어 많이 다루지 않지만, 아직도 거시경제의 약간의 잔재가 남아있기도 하다. 대표적으로 공채와 관련한 리카도 등가정리 등이 있다. 고용보험제도를 보통 비대칭정보하의 문제인 도덕적 해이(moral hazard)와 관련해서 많이 다루는데, 이에 대한 거시경제적인 자동안정화 기능에 초점을 둔 문제이다. 이러한 문제가 나왔다고 해서 당황하지 말고, 건전한 상식에 기반을 두면 문제 해결이 가능하다고 본다.

① 경기 불황시 보험금지급이 늘게 되고 그 결과 소득이 증가하게 되어 구매력(총수요)의 증가를 가져온다. 이렇게 고용보험제도는 경기상황 맞추어 경기 신축적 자동안정화기능을 한다.
② 고용보험의 급여수준이 증가하게 되면, 좀 더 나은 직장을 찾아 나서게 되고, 자신의 유보임금(reservation wage) 수준이 높아져 실업기간을 길게 연장하는 결과를 초래할 수 있다.
③ 고용보험의 지급기간이 장기간으로 길어지게 되면 급여수준 인상과 마찬가지로 자신에게 맞는 직업을 선택하기 위한 과정에서 발생하는 탐색적(마찰적)실업이 증가하게 된다. 그 결과 실업률은 높아지는 경향이 있다. 유럽의 일부 국가에서는 이렇게 실업급여 기간을 길게 한 경우 실업률이 높은 경향을 많이 보이고 있다.
④ 고용보험이 직업탐색기간을 길게 하여 노동공급을 감소시키지만 실업기간동안 기술을 익히거나, 직업숙련도를 높이는 생산성 향상의 노력에 투자하게 되고, 그러한 조건에 부합하는 직업을 찾는데 도움을 준다.
⑤ 고용보험(실업보험)의 혜택은 주로 실업상태에 빠진 사람들이 받게 된다. 따라서 고용이 안정적인 집단의 경우에는 그러한 혜택을 받을 가능성이 낮아지게 된다. 따라서 고용이 불안정한 집단에 비해서 안정적인 집단은 상대적으로 불리한(역차별)을 받을 수 있다.

정답 ①

20	중요도	★★	난이도	★★
	출제 포인트	순현재가치법과 내부수익률법 비교		

▶ **A, B 두 투자 사업은 사업초기에 대부분의 비용이 발생하고, 사업기간은 각각 5년, 10년이다. 그리고 2%의 할인율 하에서 순현재가치(NPV)는 동일하며 내부수익률은 각각 5%와 3%이다. 다음 설명 중 옳지 않은 것은?**

① A, B 모두 내부수익률이 할인율보다 높아서 사업추진이 가능하다.
② 내부수익률로 보면 A가 B보다 높아서 A를 선택한다.
③ A의 순현재가치와 B의 순현재가치가 같아서 현재가치법으로는 투자의 우선순위를 결정할 수 없다.
④ 현재가치법에 따르면 할인율을 4%로 하면 B의 순현재가치가 A보다 커져서 B를 선택한다.
⑤ 투자계획의 크기가 서로 다른 상황에서는 내부수익률만으로는 투자의 우선순위를 결정하는 경우 오류가 발생할 수 있다.

핵심체크

1. 비용편익분석
비용-편익분석은 사회후생의 관점에서, 즉 시장이 공공재 생산과 배분에 비효율적이라는 가정 하에서 효율적인 자원배분을 위한 공공투자사업의 경제성(효율성)분석이라고 할 수 있다.
2. 비용편익분석의 방법
(1) 현재가치법
현재가치법에 의하면, 미래의 비용과 편익을 현재로 환산하여 편익의 현재가치가 비용의 그것보다 크면 사업이 경제성을 가진다고 볼 수 있다. 문제는 할인율이 클수록 사업의 미래가치가 과소평가 된다는 점이다.
(2) 내부수익률법
순편익의 현재가치를 0으로 만드는 할인율이 내부수익률인데, 1원당 평균수익률이라고 할 수 있다. 따라서 1원당 평균수익률이 높은 사업일수록 우선순위를 가진다. 이 방법은 사업의 규모나 이자율의 영향을 받지 않는 특징을 가진다.

① 할인율(이자율)이 2%인데, A사업의 내부수익률은 3%이고 B사업의 내부수익률은 5%이다. 따라서 두 사업 모두 내부수익률이 할인율보다 높기 때문에 사업추진이 가능하다.
② A사업은 내부수익률이 5%이고, B사업은 내부수익률이 3%이므로 내부수익률을 기준으로 보면 A사업을 선택해야 한다.
③ 현재가치법으로 계산을 할 경우에는 2%의 할인율에서는 순편익의 현재가치가 동일하기 때문에 어느 투자를 하던 상관없다(문제에서는 이 표현을 결정할 수 없다고 쓴 것이다). 물론 이자율이 2%보다 크게 되면 그림에서 보듯이 A사업의 순편익의 현재가치가 크기 때문에 B사업보다 A사업이 타당성이 더 높다.
④ 할인율을 높이면 먼 미래의 수익이 대폭 할인되기 때문에 장기투자의 순현재가치가 작아지는 경향이 있다. 즉, 사업기간이 10년으로 더 긴 B의 순현재가치가 작아진다.
⑤ 현재가치법은 규모가 큰 사업에 유리하고, 내부수익률은 규모와 상관없이 작은 규모의 투자 사업이라도 수익률이 높으면 우선순위를 가지게 된다.

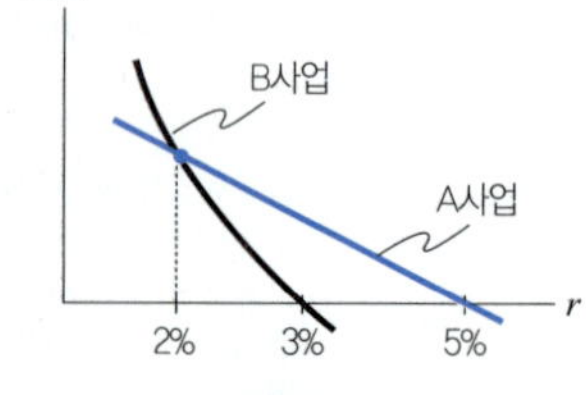

정답 ④

21	중요도	★★★★	난이도	★
	출제 포인트	국채의 부담과 리카도 등가정리		

▶ 국채발행에 관한 설명으로 옳지 않은 것은?

① 이자율 상승은 국채의 시장가치를 하락시켜 정부부채를 줄이는 효과가 있다.
② 국채발행이 증가하면 이자율이 상승하고, 원화 환율이 하락하여 경상수지가 악화된다.
③ 러너로 대표되는 국채에 관한 전통적인 견해에 따르면, 내부채무의 경우 미래세대로 부담이 전가되지 않는다.
④ 리카도 대등정리에 의하면, 국채를 발행하는 경우 민간소비가 증가하여 총수요가 증가한다.
⑤ 리카도 대등정리가 성립하면, 국채상환에 대비한 저축이 증가하여 이자율이 오르지 않아서 구축효과가 발생하지 않는다.

핵심체크

1. 국채의 경제적 효과
① 국채의 가격은 이자율과 반대로 움직인다.
② 이유
- 여러 가지 이유로 설명되지만 이자율이 높을수록 국채의 액면가격은 미래수익으로서 대폭 할인되기 때문
- 또 다른 설명은 국채시장이 존재하며 국채발행 즉, 공급이 많아지면 그 가격이 하락한다. 이에 시중의 자금이 국채매입에 사용됨에 따라 자금공급이 줄어서 이자율이 상승한다. 결국 국채가격은 이자율과 반대로 변화

③ 이것을 환율과 연결해보면, 이자율의 상승이 해외자금을 유입시키고 이에 원화수요의 증가로 원화강세가 되어 경상수지가 악화

2. 공채 부담 학설
(1) 현재세대 부담설
① 러너 : 내부채무(국민에게 돈을 빌림) + 외부채무(해외에서 돈을 빌림)
▶ 내부채무의 경우는 미래세대의 부담이 증가하지 않음
▶ 외부채무의 경우는 소비에 사용했는지 또는 투자에 사용했는지에 따라 다름
② 배로 : 리카도 대등정리
▶ 공채를 미래의 조세증가로 인식해 현재세대는 저축을 증가시켜 유산을 남겨 줌
(2) 미래세대 부담설
① 뷰캐넌 : 개인의 입장에서 공채의 매입은 효용극대화를 위한 현재소비와 미래소비의 시점 간 대체에 불과하며, 공채의 부담은 상환시점에서 조세부담의 형태로 미래세대에게 전가됨
② 새무엘슨 : 중복세대모형을 통해 내부채무도 미래세대로 전가가 가능함

① 국채의 가격은 이자율과 반대로 움직인다. 따라서 이자율이 상승하게 되면 국채의 시장가치는 하락하게 되고 그 결과 정부가 부담해야 하는 실질적인 부채크기를 줄이는 효과가 있다.
② 이자율의 상승이 외화(달러)가 유입되고, 그 결과 달러의 양이 많아져 환율은 하락하게 된다. 환율하락은 외국달러로 만든 상품(수입품 가격)을 하락시켜 수입을 증가시키고, 수출은 감소하게 된다. 따라서 경상수지는 악화된다.
③ 내부채무의 경우는 국채 상환을 위한 조세부담은 미래세대이고, 상환을 받는 사람도 미래세대이기 때문에, 미래세대 내부에서의 소득이전일 뿐, 세대전체의 추가적인 부담은 아니라고 보았다. 단, 최근에 추가된 내용으로 한 시점에서 동시에 태어난 사람들을 한 세대에 속하는 것이 좀 더 일반적인 정의인데, 이에 입각하면, 한 시점의 어떤 사회에서는 여러 세대의 사람들이 섞여 살고 있는 셈이며 이때는 국채가 내부채무의 성격을 가지고 있더라도 미래세대에게 부담이 전가된다. 이 내용은 난이도를 높이게 되면 나올 수 있는 따끈따끈한 지문이 된다.
④, ⑤ 리카도 대등정리에 의하면 국채는 미래의 조세이므로 소비, 총수요, 이자율 등 모든 실질적인 경제변수에 영향이 없다.

정답 ④

22	중요도	★★★★	난이도	★
	출제 포인트	비용체감산업과 한계비용가격설정		

▶ **비용체감산업에 관한 설명으로 옳지 않은 것은?**

① 비용체감산업에서는 평균비용보다 한계비용이 낮다.
② 비용체감산업은 장기평균비용이 감소하는 특징을 나타낸다.
③ 한계비용 가격설정 방식에 따르면 손실이 발생하지 않는다.
④ 비용체감산업은 시간이 경과함에 따라 자연 독점화하는 경향을 보인다.
⑤ 비용체감산업은 초기에 대규모 설비투자가 요구되는 경향이 있다.

핵심체크

비용체감산업: 규모에 대한 수확체증

① 기업의 시설규모에 비해 시장이 협소하거나 수확체증의 생산기술을 가진 기업이 존재한다고 하면, 생산규모가 증가해도 오히려 평균비용과 한계비용이 감소하는 경우가 있음

② 균형공급량 OQ_C에서 단위당 생산비용을 나타내는 평균비용(AC)이 균형가격 OP_C와 일치하는 한계비용(MC)보다 높아 한 단위를 팔 때마다 수입보다 비용이 더 많이 들기 때문

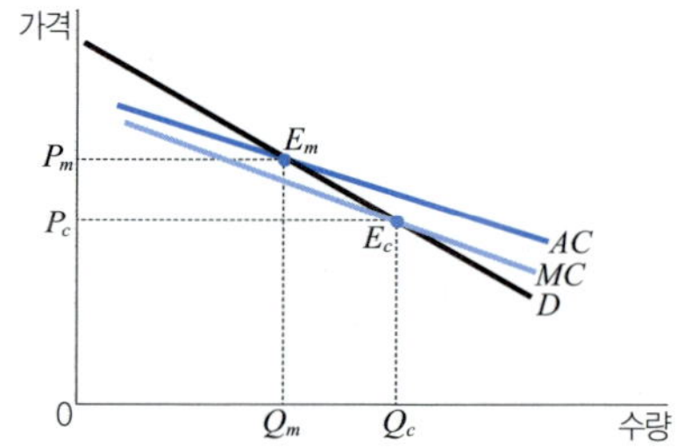

③ 따라서 독자적으로 생존할 수 없으며, 정부의 보조금을 받아 적자를 보전함으로써 파레토효율적인 시장균형을 유지할 수 있다.

- 한계비용가격설정 방식의 문제점으로 규모의 수익체증(비용체감산업)에서는 한계비용가격설정이 효율적이지만 손실을 야기할 수 있다는 점을 주의
- 비용체감산업=LAC 우하향=$MC < AC$=자연독점=초기에 대규모 설비투자=수도, 우편서비스

① 비용체감산업은 평균비용곡선이 우하향하는 형태를 보인다. 따라서 한계비용은 평균비용보다 낮은 수준에 위치해 있다.

② 비용체감산업은 장기평균비용곡선이 우하향하는 형태를 지닌다. 비용체감산업은 기업의 규모와 관련된 장기와 연결되는 개념이다. 따라서 장기평균비용곡선이라고 해야 하는데, 가끔 출제자들은 당연한 이야기이므로 '장기'를 빼고 쓰기도 한다. 그러려니 해야 한다.

③ 비용체감산업에서는 규모의 경제로 인해서 (장기)평균비용이 하락하는 경우로서 한계비용에 가격을 설정하면 효율성은 달성되지만 적자가 발생한다.

④ 비용체감산업은 생산량을 증가시킬수록 평균비용이 하락하기 때문에 규모의 이익을 얻을 수 있다. 따라서 시장에서는 자연스레 규모가 큰 독점기업 하나만 남고 다른 규모가 작은 기업은 평균비용이 높아 시장에서 퇴출되는 경우가 발생한다. 그 결과 자연독점(natural monopoly) 상황이 된다.

⑤ 생산량이 늘수록 평균비용이 낮아지므로 규모가 크게 시장에 진입하게 되면 후발기업들은 시장에 진입하여 경쟁하기 어렵게 된다. 따라서 전기, 통신, 반도체 산업 같은 경우 대규모로 시장에 진입하게 된다.

정답 ③

23	중요도	★★★★	난이도	★
	출제 포인트	공공요금 부과		

▶ **기존시설에 대한 초과 수요가 존재할 경우 이 시설을 가장 효율적으로 이용할 수 있도록 공공요금을 책정하는 방법은?**

① 평균비용과 일치시키는 공공요금
② 평균비용에서 경제적 지대를 제외한 공공요금
③ 장기한계비용과 일치시키는 공공요금
④ 경제적 지대만큼의 공공요금
⑤ 한계비용에 경제적 지대를 추가한 공공요금

핵심체크

1. 적정 공공요금이론
(1) 단기 : 기존시설 효율적 이용
① 시설용량이 제한되어 한계비용곡선이 어느 정도 지나면 수직
② 경제적 지대 존재 : 가격이 한계비용을 초과하는 부분
(2) 장기 : 최적 시설규모의 선택
① 규모수익불변(CRS) 전제 : $LAC=LMC$ 의미
② 장기적인 관점에서는 $D=LMC$에서 가장 효율적
③ 최적 시설규모를 먼저 선택하고, 최적 생산량을 결정하는 2단계 구조

적정 공공요금의 이론에서 기존시설의 효율적인 이용에 대해서 잘 알아두어야 한다. 단기적인 시각으로 주어진 시설을 가장 효율적으로 활용하는 문제로 시설용량(capacity)가 제한되어 있는 도로, 문화예술 공간, 수영장 등에 적용이 가능하다.

그림에서 보이듯이 단기에는 시설용량이 K_0로 고정되어 있어, 단기한계비용곡선(SMC)는 Q_0수준에서 수직의 형태를 지닌다. 만일 비수기와 같이 수요가 작은 경우에는 그냥 한계비용가격수준으로 설정을 할 수 있다. 그런데 성수기과 같은 경우에는 한계비용에 추가적으로 지대(rent)를 더한 가격을 부과하게 된다. 물론 시설용량을 늘릴 수 있는 경우 K_1으로 확장하는 경우는 $SMC(K_1)$의 곡선을 얻을 수도 있다. 따라서 시설용량을 완전히 자유롭게 하는 경우에는 장기한계비용곡선(LMC)는 한계비용곡선 수준에서 수평선의 형태를 지니게 된다.

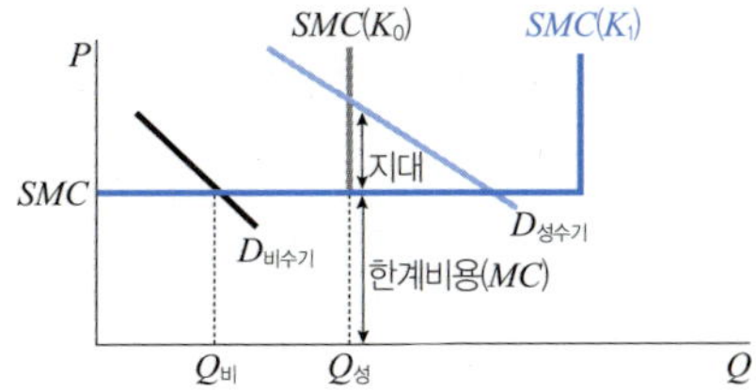

정답 ⑤

24	중요도	★★★★	난이도	★★
	출제 포인트	티부모형과 지방공공재		

▶ **티부가설(Tiebout hypothesis)에 관한 설명으로 옳지 않은 것은?**

① 지방공공재는 비례재산세에 의해 조달된다고 가정한다.
② 지방공공재의 외부효과가 존재하더라도 티부가설은 성립한다.
③ 발에 의한 투표(voting with the feet)에 의해 지방공공재에 대한 선호를 표출한다.
④ 티부가설이 성립하기 위해서는 충분이 많은 지역들이 존재해야 한다.
⑤ 균형상태에서는 지방공공재에 대한 선호가 비슷한 사람들끼리 모여 산다.

핵심체크

1. 티부 모형의 기본가정
① 다수의 지역사회가 존재
② 완전한 정보
③ 완전한 이동성
④ 규모수익불변
⑤ 외부성 없음

2. 티부모형의 내용
지역주민이 소리 없이 '발에 의한 투표(voting with the feet)'를 함으로써 개인들이 가장 선호하는 지역에 정착하여 파레토효율적인 균형달성

① 티부의 세계에서는 지방정부의 재원이 지역주택에 부과하는 비례적 재산세밖에 없다. 이처럼 지방정부가 재산에 비례해서 과세하여 재원을 조달하므로 경제적 능력이 비슷한 주민들이 모여 사는 현상이 일어난다.
② 티부모형의 가설을 보면 외부성이 없어야 한다. 지역 재정 프로그램의 혜택은 그 지역 주민들만 누릴 수 있다는 가정을 깔고 있어, 모형에서 공공재는 비경합성이 완벽하지 않는 지방공공재임으로 연결이 된다.
③ 발에 의한 투표의 의의는 자신의 선호에 따라서 마음에 드는 지역을 골라 거주지를 선택할 수 있다는 점에서 시장에서 상품 구매와 유사하다는 점을 가지고 있다.
④ 티부모형이 성립하기 위한 기본가정으로는 다수의 지역사회가 존재하여 상이한 재정프로그램을 제공하는 지역사회의 수가 충분이 많아야 한다.
⑤ 티부의 세계는 최종 균형상태에서 각 지역별로 선호와 소득이 비슷한 주민들이 모여 사는 지역사회들이 될 것으로 예상된다. 그 이유는 선호와 소득수준이 비슷하면 지역공공재의 공급량과 세금크기가 비슷한 지역을 선택할 것이기 때문이다.

정답 ②

25	중요도	★★★★	난이도	★★
	출제 포인트	공평과세		

▶ **공평과세를 달성하기 위한 조세부과방식에 관한 설명으로 옳지 않은 것은?**

① 담배는 외부불경제를 유발하기 때문에 담배소비세를 부과해야 한다.
② 고소득자는 부담능력이 커서 더 많은 조세를 부담해야 한다.
③ 자녀 등 부양가족이 많으면 부담능력이 줄어들어 조세를 적게 부담하도록 한다.
④ 자동차 소유자는 편익의 원칙에 따라 주행거리에 비례하여 자동차세를 부담해야 한다.
⑤ 지역의 공공서비스 편익을 많이 받는 사람이 지방세를 많이 부담해야 한다.

핵심체크

공평성의 원칙 : 편익원칙 vs 능력원칙

1. 편익원칙에 의할 경우

① 공공서비스의 수요의 소득탄력성이 클수록
② 공공서비스의 수요의 가격탄력성이 작을수록
→ 누진성은 커짐
③ 무임승차자의 문제로 실현이 어려움

2. 능력의 원칙

① 과세가 공평함(수평적 공평성, 수직적 공평성)
② 효용이 경제적 능력평가의 가장 바람직한 기준
③ 경제적 능력평가의 기준(효용의 대리변수)
- 소득(열심히 일하는 사람의 조세부담이 더 큼)
- 소비(사생활 침해, 세무행정의 복잡성)
- 재산(현금화 같은 유동성문제)
- 예산집합(교차문제 발생)

① 외부불경제를 유발하는 담배소비세는 공평성이 아니라 효율성측면에서 부과한 것이다. 외부성이란 언급에서 공평성이 아닌 효율성의 문제라는 것을 알아채야 한다. 공평과세의 기준은 편익이냐, 능력이냐의 두 가지 원칙에 입각해서 접근한다. 외부불경제라는 말을 쓰면 안 되고, 차라리 담배를 피게 되면 얻게 되는 편익에 비례해서 중독자일수록 더 높은 세금을 부과한다면 편익원칙이 될 것이다. 문제에서 언급한 담배의 외부불경제로 인해 조세부과하는 것은 피구세에 해당한다.

공평한 조세부담의 원칙에 보면 편익의 원칙과 능력의 원칙에 대해서 비교설명하고 있다. 이 부분은 논리적인 흐름을 잘 이해해야 한다. 공평한 조세부담의 원칙의 기준에서 다음에 유의해야 한다.

→ 편익 원칙 vs 능력원칙
→ 능력원칙에는 수평적 공평성 vs 수직적 공평성
→ 경제적 능력의 평가문제
→ 누진성의 찬반의견 (동등희생원리)
② 능력원칙
③ 능력원칙
④ 편익원칙
⑤ 편익원칙

정답 ①

26	중요도	★★★★	난이도	★
	출제 포인트	종량세 부과 효과		

▶ 수요함수와 공급함수가 각각 다음과 같다. 생산자에게 개당 200원의 종량세를 부과하면 소비자와 생산자가 각각 부담해야 하는 세금의 크기는 얼마인가?

> 공급함수 : $P=Q$
> 수요함수 : $P=2{,}000-Q$

① 소비자 20원, 생산자 180원
② 소비자 50원, 생산자 150원
③ 소비자 100원, 생산자 100원
④ 소비자 150원, 생산자 50원
⑤ 소비자 180원, 생산자 20원

핵심체크

물품세의 귀착 관련한 부분균형 분석의 모형을 계산문제로 출제한 것으로 난이도는 (하)로 점수를 주는 문제이다. 이런 계산 문제는 절대 포기하지 말고 반드시 풀어야 한다. 조금만 연습하면 쉽게 풀 수 있다.

조세를 부과하기 전에는 다음과 같다.
(공급곡선) $P=Q$
(수요곡선) $P=2{,}000-Q$
(균형) $Q=1{,}000$, $P=1{,}000$

그러데 정부는 생산자에게 단위당 200원의 종량세를 부과했다. 따라서 공급곡선이 상방으로 200만큼 올라가게 되어 새로운 공급곡선은 $P=Q+200$이 된다.

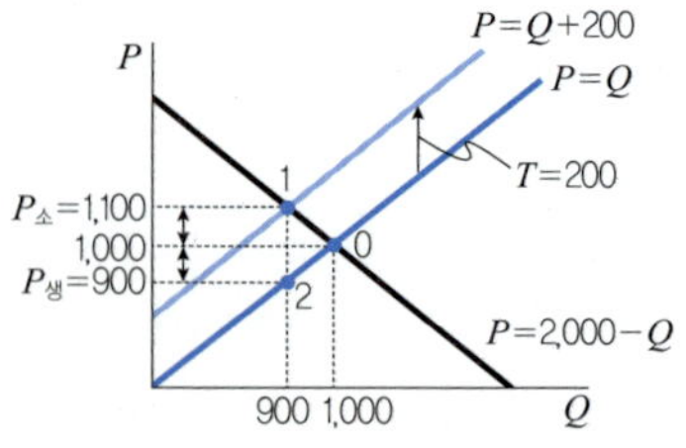

(공급곡선) $P=Q+200$
(수요곡선) $P=2{,}000-Q$
(균형) $Q=900$, $P_{소}=1{,}100$, $P_{생}=900$

200원의 조세를 부과했을 때, 생산자는 소비자에게 100원을 전가하여 소비자가 지불하는 가격은 1,100원이 되고, 생산자는 소비자 가격에서 200원을 정부에게 세금으로 납부한 900원을 수취하게 된다.

따라서 소비자가 부담하는 조세부담은 100원이고 생산자가 조세부담은 100원이 된다.

정답 ③

27	중요도	★★★	난이도	★
	출제 포인트	종량세 부과 효과		

▶ **수요곡선이 완전 비탄력적이고 공급곡선이 탄력적인 상품에 종량세가 부과된 경우에 관한 설명으로 옳은 것은?**

① 소비자 가격이 단위당 세액만큼 상승한다.
② 조세의 부담은 모두 생산자에게 귀착된다.
③ 조세의 부담은 소비자와 생산자에게 동일하게 귀착된다.
④ 물품세는 중립세이므로 조세의 전가는 발생하지 않는다.
⑤ 과세에 따른 초과부담으로 인하여 생산자, 소비자 모두 과세액 이상을 부담한다.

핵심체크

- 물품세의 조세부담귀착의 문제로 경쟁시장에서 부담의 귀착은 협상력에 따라서 조세부담의 귀착은 달라지게 되는데, 이 협상력이란 것이 얼마나 조세부과로 인한 폭탄에 탄력적으로 대응할 수 있는가를 의미함
- 문제에서 "수요곡선이 완전 비탄력적이고"라는 점에서 "소비자는 완전 힘이 없고"라고 동일한 다른 표현으로 나타낼 수 있고, 그 결과 소비자는 전부 조세를 부담됨

→ 이 경우 공급곡선이 탄력적일 필요도 없고, 완전비탄력적이지만 않으면 동일한 결과를 얻음 (∵ 소비자가 너무 힘이 없으므로)

① 소비자 가격은 소비자가 전부 조세를 부담하게 되어 조세부과액만큼 상승하게 된다. 그림에서 1점에 해당한다.

②, ③ 조세의 부담은 전적으로 소비자에게 귀착된다. 생산자는 조세를 전가한 소비자가격에 조세를 뺀 크기인 이전과 동일한 가격을 받게 된다. 따라서 생산자는 조세를 하나도 부담하지 않게 된다.

④ 물품세부과로 인한 초과부담은 존재하지 않아서 중립세라고 할 수 있으나, 그렇다고 생산자가 소비자에게 전가를 하지 못하는 것은 아니다.

⑤ 과세에 따른 초과부담이 이 경우에는 발생하지 않는다.

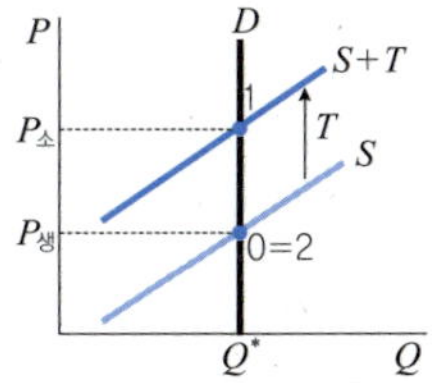

정답 ①

28	중요도	★★★	난이도	★★
	출제 포인트	독점시장에서 조세부과 효과		

▶ **독점시장에서 시장수요곡선은 $Q=30-P$이고, 총비용곡선은 $TC=\frac{1}{2}Q^2+3$일 때 단위당 6의 물품세를 부과할 때, 소비자 잉여의 변화의 크기는?**

① 15
② 18
③ 25
④ 30
⑤ 35

핵심체크

※ 아주 유명한 전형적인 스티클리츠 모형 (반드시 유형을 암기)

- 수요곡선이 우하향하고, 공급곡선이 수평인 경우에는 조세부과로 인해 소비자가 부담하는 가격은 조세부과의 절반만 상승
- 탄력성이 2로 일정한 수요곡선에서는 아모로소-로빈슨 공식을 적용해서 가격이 한계비용의 일정부분 증가한다는 것
  → 전통적으로 두 문제가 매번 시험에 출제되었는데, 이번에는 너무 식상해서인지 물품세 부과로 인한 소비자 잉여의 변화 크기를 구하는 문제이다. 당황하지 말고 간단한 그림을 그려서 소비자 잉여의 변화인 삼각형의 크기를 구하면 된다.

그림을 이용해보면 생산자에게 물품세를 6부과 했으므로 한계비용곡선이 상방으로 6만큼 올라갔다. 독점시장이므로 이윤극대화 생산량은 에서 결정된다. 간략하게 균형이전과 이후를 비교하면 다음과 같다.

조세부과 이전

$MR=MC$에서 $MR=30-2Q=MC=6$에서 이윤극대화 생산량은 10이 된다. 이때 가격은 수요곡선상에 위치한 20이 된다.

조세부과 이후

조세부과로 인해 새로운 한계비용곡선은 $MC'=Q+6$이 된다. 따라서 새로운 한계비용곡선 상에서 균형점은 $MR=30-2Q=MC'=Q+6$인 8에서 결정된다. 이때 가격은 수요곡선상에 위치한 22가 된다. 결국 정부의 조세부과 6으로 인해서 소비자가 부담하는 가격은 2가 상승하였다 (앞서 언급한 MC가 수평이라면 소비자에게 부과하는 가격은 절반인 3이 상승했을 것이다.)

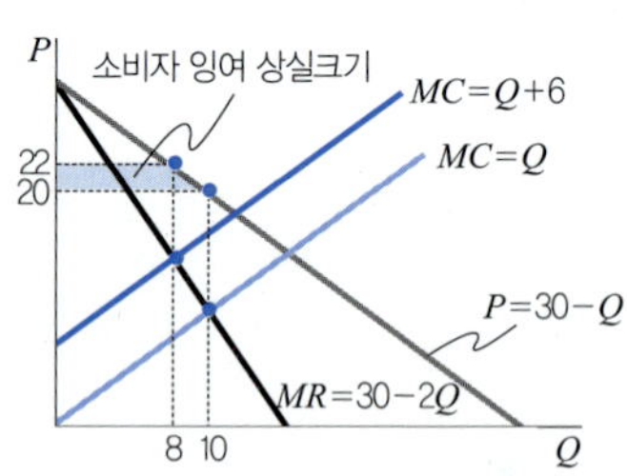

문제에서는 소비자 잉여의 변화된 크기를 구하라고 했으므로 그림에서 빗금 친 면적을 구하면 된다(사다리꼴을 구해도 되고, 사각형과 삼각형으로 나누어 구한 후 합해도 된다. 여기서는 나누어서 계산한다).

소비자 상실된 잉여 크기$=(2\times8)+(\frac{1}{2}\times2\times2)=18$

정답 ②

29	중요도	★★	난이도	★
	출제 포인트	조세부과 효과		

▶ **공급곡선이 우하향하는 상품에 종량세를 부과할 때 나타나는 현상으로 옳은 것은? (단, 이 상품은 정상재이고, 공급곡선의 기울기가 상대적으로 더 완만하다.)**

① 소비자 가격이 상승한다.
② 초과부담이 발생하지 않는다.
③ 소비자 부담액은 조세부과액보다 작다.
④ 소비자 잉여는 불변이다.
⑤ 상품거래량은 증가한다.

핵심체크

물품세 부과의 부분균형 귀착의 문제를 응용한 것으로 공급곡선이 우하향하는 특수한 경우를 상정한 문제이다. 이때 당황하지 않고, 지문에서 제시한대로 그림을 그려보면 된다. 수업시간에 강조한 사례인데, 이때는 소비자가 지불하는 가격이 조세부과액보다 더 크게 되는 특징이 있다.

그림을 통해서 보면 수요곡선과 마찬가지로 공급곡선이 우하향하는 형태로 그려져 있다. 단지 공급곡선의 기울기가 상대적으로 완만하다. 이때 정부가 종량세를 부과하면(생산자에게 부과한 것으로 접근하는데 일관성이 있고, 편리) 공급곡선이 상방으로 이동하게 된다. 이때 결과를 문제와 대비해서 살펴보면 다음과 같다.

① 소비자 가격은 상승한다.
② 초과부담은 그림에서 빗금친 크기만큼 발생한다.
③ 소비자 가격상승은 조세부과의 크기보다 더 크다.
④ 소비자 잉여는 감소하게 된다.
⑤ 상품의 거래량은 감소한다.

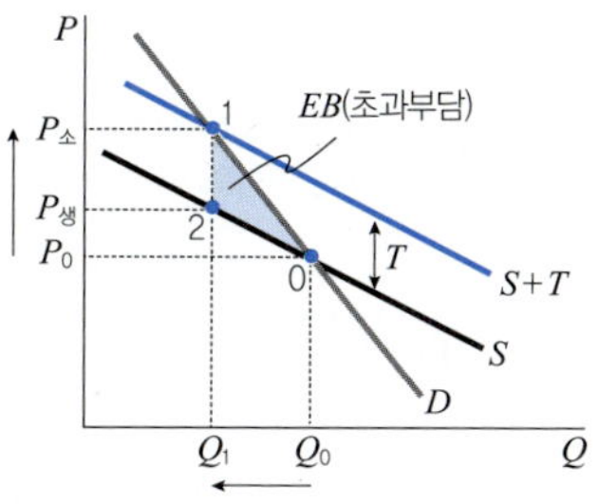

정답 ①

30	중요도	★★★★★	난이도	★★
	출제 포인트	역탄력성 법칙		

▶ 두 재화 A와 B의 보상수요의 가격탄력성은 각각 3과 0.3이다. A재 가격은 1,000원, B재 가격은 500원이다. A재의 가격에 10%의 세금을 부과하였을 때, 효율성 상실을 극소화하기 위해서는 B재에 얼마만큼의 세금을 부과하여야 하는가? (단, A, B 두 재화는 서로 독립재이며 두 재화의 공급곡선은 완전탄력적이다.)

① 10원
② 50원
③ 100원
④ 250원
⑤ 500원

핵심체크

※ 최적물품세 이론에서 램지규칙과 역탄력성 법칙을 묻는 것이다. 워낙 유명한 문제라 따로 언급이 필요없다. 최근 시험대비로 강조하고 싶은 것은 ① 램지규칙은 '주어진 조세수입 목표를 달성할 수 있으면서, 초과부담을 최소화키는" 조세이고, ② 램지조세를 소비자의 동질성과 이질성으로 나누어서 살펴보는 점이다.

1. 램지 조세

① 주어진 세수 목표를 달성하면서 사회후생을 극대화할 수 있는 조세
② 단, 모든 사람이 동질적이란 가정 때문에 사회후생함수가 개인의 후생함수와 동일하여 사실상 효율성만 고려함

2. 역탄력성 법칙

① $\frac{t_x}{t_y} = \frac{\varepsilon_y}{\varepsilon_x}$

▶ 각 재화에 부과되는 세율(t)은 그 재화의 보상수요탄력성(ε)에 역의 관계

② 효율성의 관점에서만 도출되어 수요의 가격탄력성이 낮은 재화가 주로 필수품인 경우 분배상태 악화

역탄력성법칙을 적용하면 $\frac{\varepsilon^B}{\varepsilon_A} = \frac{0.3}{0} = \frac{1}{10}$. 이것이 $\frac{\varepsilon_A}{\varepsilon_B} = \frac{0.1}{t_B}$와 같아야 한다. 즉,

$$\frac{1}{10} = \frac{0.1}{t_B}$$

t_B=1이며, 100%부과하여야 하므로 세금은 500원이 된다.

정답 ⑤

31	중요도	★★★★★	난이도	★★
	출제 포인트	사중손실에 영향을 주는 요인		

▶ **근로소득세의 후생비용을 결정하는 요인에 관한 설명으로 옳지 않은 것은?**

① 근로소득세율이 높을수록 후생비용이 크다.
② 임금률이 높을수록 후생비용이 크다.
③ 임금총액이 클수록 후생비용이 크다.
④ 보상노동공급곡선의 탄력성이 클수록 후생비용이 크다.
⑤ 노동수요곡선의 탄력성이 적을수록 후생비용이 크다.

핵심체크

물품세의 초과부담의 내용과 공식을 이용한 문제이다. 보통은 간단한 형태인 공급곡선이 수직(공급탄력성이 η_P=0)인 경우로 나타내어 $EB = \frac{1}{2}t^2\varepsilon(PQ)$를 이용하면 되지만, 최근에는 일반적인 공식까지 확인해 점검해둘 필요가 있다. 그리고 여기서 사용하는 수요곡선과 공급곡선은 대체효과만 고려한 "보상된" 수요곡선과 공급곡선이어야 한다.

1. 조세의 후생비용 : 초과부담

① 초과부담=조세의 실제부담의 크기−조세 징수액
② 조세가 민간부문의 의사결정을 교란시킴으로써 발생하는 효율성 상실의 크기

2. 일반적인 수요와 공급의 경우 초과부담:

$$\text{초과부담} = \frac{1}{2}\frac{\varepsilon\eta}{\varepsilon+\eta}t^2(PQ) = \frac{1}{2}t^2\frac{1}{\frac{1}{\varepsilon}+\frac{1}{\eta}}(PQ)$$

(단, η: 공급탄력성, ε: 수요탄력성, P: 임금률, Q: 노동량, t: 세율)

수평적 공급곡선의 경우와 마찬가지로 노동수요의 탄력성이 클수록, 초기의 임금총액이 클수록, 세율이 높을수록 초과부담은 커진다. 또한 노동공급탄력성이 클수록 초과부담도 커진다.

① 세율(t)이 높을수록 초과부담(후생손실)은 커진다.
② 초과부담의 기본공식에서 $EB=\frac{1}{2}t^2\varepsilon(PQ)$를 노동시장으로 바꾸어서 임금률과 노동거래량으로 나누게 되면 다음과 같이 다시 쓸 수 있다. $EB=\frac{1}{2}t^2\varepsilon(wL)$. 여기서 임금률($w$)에 초과부담은 비례한다.
③ 임금총액 wL이 높을수록 초과부담은 커진다.
④ 보상노동공급곡선의 탄력성이 클수록 초과부담은 커진다. 노동공급과 노동수요가 탄력적일수록 임금인상에 매우 민감하게 반응하기 때문에 초과부담은 증가하게 된다. 간단한 일반화된 공식을 참고하기 바란다.
⑤ 노동수요의 탄력성이 클수록 초과부담도 커진다.

정답 ⑤

32	중요도	★★★★★	난이도	★★
	출제 포인트	최적 물품세		

▶ **최적물품세에 관한 설명으로 옳지 않은 것은?**

① 램지규칙은 파레토 효율적 조세가 아닌 차선의 조세를 찾는 이론이다.
② 램지규칙에 따르면 최적물품세는 모든 상품의 소비감소량이 같도록 부과되어야 한다.
③ 램지규칙에 따르면 상품수요의 가격탄력성이 반비례하도록 세율을 설정하는 것이 효율적이다.
④ 콜렛-헤이그(Corlett-Hague) 규칙에 따르면 여가와 보완관계에 있는 상품에 높은 세율을 부과하여야 한다.
⑤ 과세 후 총초과부담을 극소화하기 위하여 각 상품에 거두어들이는 조세수입의 한계초과부담이 서로 같아지도록 세율을 결정하여야 한다.

핵심체크

※ 램지규칙에서 반드시 체크해야 할 부분
■ 조세제도로부터 나오는 총초과부담을 극소화하기 위해서는 "모든 상품의 수요량에 똑같은 비율의 감소"가 일어나도록 세율구조를 만들어야 함
→ 여기서는 "소비감소량이 같도록"이 아닌 감소비율이 같도록 해야 함
→ 이 말은 "모든 상품에 대해서 똑같은 세율을 적용하는 물품세가 반드시 최적일수는 없음"을 의미

1. 램지 조세
2. 역탄력성 법칙
3. 콜렛-헤이그 조세
① 현실에서 여가 과세가 불가능하다는 사실을 직시하고
② 간접적으로 여가에 과세 → 여가와 보완적인 재화에 높은 세율
③ 동일세율의 물품세(모든 상품에 동일 세율 부과) 혹은 소득세보다는 세율에 차등을 둔 물품세가 우월

① 램지규칙은 파레토 효율적인 즉, 초과부담이 없는 최선의 조세가 아닌 효율성 상실(초과부담)이 극소화를 추구하는 차선의 이론이다.
② 램지규칙에 의하면 최적물품세는 모든 소비감소량이 아닌 소비량의 감소비율이 동일하도록 부과해야 한다.
③ 램지규칙은 역탄력성 법칙과 동일하다고 보면 된다.
④ 콜렛-헤이그 규칙은 여가에 직접 과세하는게 어렵기 때문에 여가에 간접과세를 하는 방법을 택한 것이다.
⑤ 그림에서 조세부과로 인해서 발생하는 두 재화(X, Y)의 감소비율이 동일하도록 만들어야 초과부담(삼각형 크기)의 합이 최소화가 된다. 따라서 조세부과로 인해 발생하는 한계초과부담이 서로 같아지도록 세율을 결정해야 총초과 부담이 극소화가 된다.

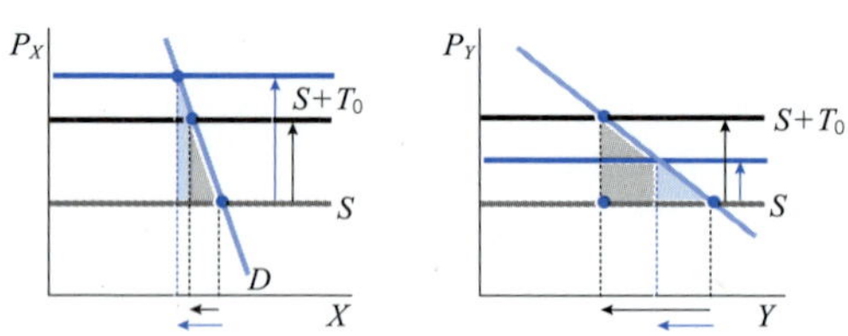

정답 ②

33	중요도	★★★★	난이도	★★
	출제 포인트	최적 조세		

▶ **요소의 투입이 고정적일 때 다음 중 가장 효율적인 조세는? (단, *X*재 여가 보완재, *Y*재 여가 대체재)**

① 비례적으로 부과하는 근로소득세
② *X*재에 대한 물품세
③ *Y*재에 대한 물품세
④ *X*재에 대한 높은 세율의 개별소비세
⑤ *Y*재에 대한 낮은 세율의 개별소비세

핵심체크

※ 콜렛-헤이그 조세는 여가에 직접 과세할 수 없다는 점을 인식하고, 간접적으로 과세하는 방안을 연구한 것이다. 따라서 여가와 보완적인 재화에 더 높은 과세를 하자는 주장이다.
문제는 하버거의 일반균형모형을 적용한 (2×2×2) 모형에서 생산요소의 부분이 고정되어 있다는 전제를 두어 부분균형분석으로 차원을 낮춘 것이다. 따라서 부분균형분석으로 생산물 시장 (X, Y)만 고려하는 모형이 된 것이다. 따라서 이때 초과부담을 극소화하는 효율적인 조세는 두 재화인 X재와 Y재를 모두 고려하는 조세를 골라야 한다.

콜렛-헤이그 조세
① 현실에서 여가 과세가 불가능하다는 사실을 직시
② 간접적으로 여가에 과세 → 여가와 보완적인 재화에 고세율
③ 동일세율의 물품세(모든 상품에 동일 세율 부과) 혹은 소득세보다는 세율에 차등을 둔 물품세가 우월

콜렛-헤이그 조세에 따르면 차등을 둔 물품세가 동일세율의 소득세보다 우월하다고 본다. 근로소득세의 경우에는 두 재화 (X, Y)에 대해서 모두 과세를 하는 것이므로 효율적인 조세라고 한다.
①을 제외하고는 어떤 하나의 물품, X 혹은 Y에만 과세하는 경우이므로 비효율적이라고 할 수 있다.

정답 ①

34	중요도	★★★★★	난이도	★★★
	출제 포인트	하버거 모형		

▶ **X, Y 두 산업으로 구성된 경제에서 생산요소 공급이 가변적인 경우, 노동집약적인 X재 산업에 물품세를 부과할 때 나타나는 효과로 옳지 않은 것은? (단, 요소시장과 생산물 시장은 완전경쟁적이며, : 자본의 가격, : 임금률이다.)**

① X재 산업의 임금률은 하락한다.

② X재 산업에 물품세가 부과되었을 때 대체효과가 소득효과보다 크다면 노동공급량은 감소한다.

③ 물품세 부과에 따라 X재 상대가격이 상승하기 때문에 X재를 더 많이 소비하는 사람일수록 부담이 증가한다.

④ 생산요소공급이 고정적인 경우와 비교하면 물품세가 자본과 노동의 상대가격에 미치는 효과는 줄어든다.

⑤ 생산요소공급이 가변적이면 고정적인 경우에 비해 노동자본비율 이 더 크게 상승한다.

핵심체크

※ 일반균형 분석인 하버거 모형을 이용한 조세의 귀착에 대한 분석이다. 모형은 국제무역론에서 사용하는 복잡한 내용이지만, 실질적인 직관을 이용하면 굉장히 심플하고 단순하게 해결할 수 있다. 하버거 모형에서 조세부담의 귀착효과는 크게 폭탄효과(산출효과)와 스나이퍼 효과(대체효과)로 나눌 수 있다. 또한 요소의 상대가격이 변화하는 정도가 큰 경우가 시험에 항상 나오는데, 대체효과만 "작을수록"이고 다른 것은 "클수록" 요소의 상대가격 변화정도가 크게 된다.

① X재가 노동집약적인 산업이므로 X재 산업에 물품세를 부과하는 경우에는 노동의 가격인 임금률은 하락한다.

② X재 산업에 물품세를 부과하게 되면 X재 산업의 상대가격이 상승하게 되고, 그 결과 X재 소비량은 감소하게 된다. 또한 X재의 상대가격 상승으로 인해 실질소득이 감소하게 되고, 그 결과 X재 소비량은 감소하게 된다. 대체효과와 소득효과 모두 X재 생산량을 줄이게 된다. 따라서 X재 생산량의 감소는 X재에 일하는 노동수요량을 줄여 균형노동량은 감소한다.

③ X재에 물품세를 부과하게 되면 X재 상대가격이 상승하게 되고, 그 결과 X재를 더 많이 소비하는 소비자들이 부담을 많이 지게 된다.

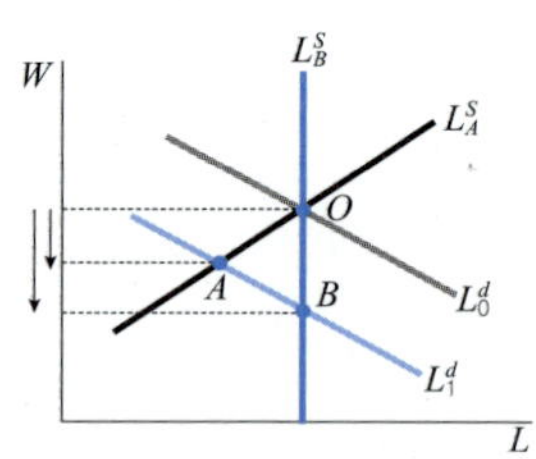

④ 그림에서 보이는바와 같이 노동의 공급곡선이 수직이 되어서 노동에 대한 수요가 감소했을 경우에 고용량이 줄지 않는 경우(B)에는 임금이 크게 하락하지만, 노동공급곡선이 우상향하는 경우(A)에는 노동의 가격이 크게 하락하게 된다.

⑤ 생산요소의 공급이 가변적인 경우에는 노동과 자본이 대체로 용이하다는 것을 의미하므로 임금과 이자율의 상대가격변화율이 별로 크게 변하지 않게 되므로 노동자본비율은 크게 변하지 않게 된다.

정답 ⑤

35	중요도	★★★★★	난이도	★★★
	출제 포인트	이자소득세 효과		

▶ **소득세 부과가 가계의 저축에 미치는 영향으로 옳지 않은 것은?**

① 저축에 대한 조세의 영향은 시점 간 자원배분 모형을 이용하여 분석될 수 있다.
② 근로소득세로 인해 가처분 소득이 감소할 때 대체효과가 발생한다.
③ 이자소득세는 저축을 감소시키는 대체효과와 저축을 증가시키는 소득효과를 동시에 발생시킨다.
④ 근로소득세 부과 시 세수의 전부를 정부저축으로 할당하면 경제 전체의 저축은 증가한다.
⑤ 이자소득세로 인해 미래소비보다 현재소비가 유리한 여건이 제공될 수 있다.

핵심체크

조세가 저축에 미치는 영향에 대한 문제이다. 소득세가 저축에 미치는 영향은 피셔(I. Fisher)의 시점 간 자원배분모형 혹은 2기간 생애모형을 이용해서 분석할 수 있다.
이때 근로소득세는 소득효과만 발생시키고, 이자소득세는 소득효과와 대체효과를 모두 발생시킨다. 여기서 우리의 관심사는 저축자가 대상이므로 아무런 언급이 없다면 저축자라는 가정 하에 문제를 풀어야만 한다.

① 저축에 대한 과세는 이자소득세라고 할 수 있다. 이자는 현재소비를 미래소비에서 발생하는 것으로 두 시점간 자원배분 모형을 이용해서 분석한다.
② 시점간 자원배분 모형에서 근로소득세를 부과하게 되면 저축으로 인한 이자에는 과세를 하는 것이 아니므로 소득효과만 발생시켜 예산선은 안쪽으로 평행이동하게 된다.
③ 이자소득세를 부과하게 되면 현재소비의 가격이 비싸게 되는 대체효과와 이자소득의 감소로 인한 실질소득을 감소시키는 소득효과가 동시에 발생한다. 예산선의 기울기가 가파르게 되면서 안쪽으로 이동하는 것을 알 수 있다.
④ 근로소득세를 부과하면 시점간 자원배분 모형에서 대체효과는 없고 소득효과만 존재한다. 이때 현재소득과 미래소득이 감소하게 되어 저축은 감소하게 된다. 그러나 미래소득의 감소크기보다 저축의 감소크기가 작은데, 정부는 거두어들인 조세수입을 모두 저축을 하게 되면 민간저축과 정부저축의 합으로 나타내는 경제전체의 저축은 증가하게 된다.
⑤ 현재소비 1원의 기회비용인 $(1+r)$원을 현재소비의 가격이라고 해석할 수 있다. 따라서 실제이자율의 하락으로 현재소비의 가격이 하락하였으므로 대체효과와 소득효과가 발생할 것으로 예상된다. 이때 대체효과는 가격이 하락한 것을 더 많이 소비하는 방향으로 작용하므로 현재소비가 증가한다. 한편 소득효과는 이자소득이 줄어들어 생애의 실질소득이 감소하므로 정상재의 성격을 갖는 현재소비도 감소한다. 따라서 대체효과와 소득효과의 상대적 크기에 따라 저축이 줄 수도 있고 늘 수도 있다. 결론적으로 이자소득세가 저축에 미치는 영향은 소득효과와 대체효과의 상대적 크기에 의존하게 된다.

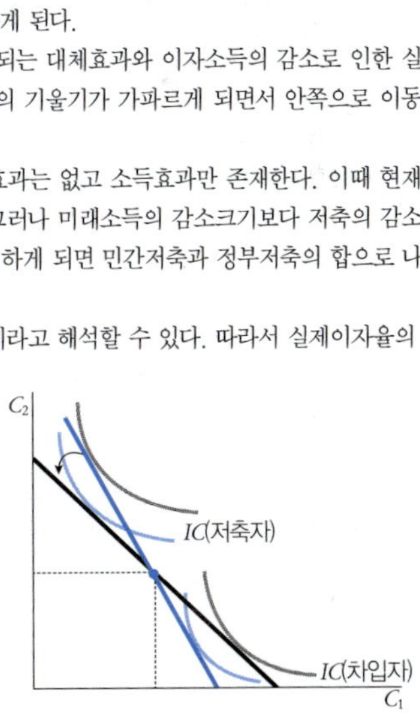

정답 ②

36	중요도	★★★★★	난이도	★★★
	출제 포인트	지출세		

▶ 소비를 위해서 지출한 금액에 따라 부과하는 지출세(expenditure tax)에 관한 설명으로 옳지 않은 것은?

① 자동차와 같은 내구성 소비재를 구입하는 경우 연도별 지출규모의 산정이 어렵다.
② 지출세는 저축을 과세대상에서 제외함에 따라 부유층에 유리한 세제라는 인식이 있다.
③ 지출세는 현재소비보다는 미래소비를 우대하는 경향이 있다.
④ 지출세는 간접세의 일종으로 소득재분배 측면에서 역진성 문제를 야기할 수 있다.
⑤ 칼도(Kaldor)는 지출세가 사회로부터 가져가는 행위에 대해 과세하는 것이므로 공평성 측면에서 바람직하다로 주장했다.

핵심체크

1. 지출세 개념
① 개인소비세와 동일
② 납세자가 소비를 위해 지출한 금액에 따라 세금의 크기가 결정
③ 소득세와 지출세는 저축이 과세대상이 되는가의 여부에만 차이
2. 지출세의 효율성
① 소득세 교란 : 현재소비와 미래소비 간의 선택에서 교란을 야기하므로 지출세가 우월
■ 지출세와 소득세 모두 여가와 소득 사이의 선택을 교란하는 결과를 가져오므로 차선의 정리에 의하여 지출세가 더 바람직하다고 말하기는 어려움
② 장기적인 관점의 효율성 : 자본축적의 촉진 측면에서 지출세가 우월
3. 지출세의 공평성 : 칼도(Kaldor, 1955)
① 노동의 대가인 소득에 세금을 부과하는 것보다 소비하는 행위에 대해 과세하는 것이 더욱 바람직
② 스스로 소비하고 싶은 욕구를 억누르고 남의 필요에 쓰일 목적으로 저축한 돈에 대해 과세하는 것은 불공평
③ 수평적 공평성 측면에서 우월
■ 소득세제하에서는 저축성향이 높은 사람에게 더 많은 세금 부과
■ 이자소득이 과세대상으로 포함되지 않는 지출세는 문제없음

① 지문은 자본지출의 문제와 관련이 있다. 자본지출이란 자본을 취득하기 위해서 지출한 것으로 도로, 항만 등 사회간접자본에 대한 지출은 효과가 오랜 기간 지속된다는 특징이 있다. 따라서 다리 건설 시는 정부지출은 감가상각분에 국한해서 자본지출을 경상지출에서 따로 분리하는데, 현실에서는 지출항목을 경상지출과 자본지출로 명백히 구분하기 어려움이 있어, 정부의 방만한 재정운영을 부추기는 계기가 되기도 한다.
② 지출세는 소비에 대한 과세이다. "소득=소비+저축"으로 구성이 되어 있는데, 부유층은 빈곤층보다 저축을 일반적으로 많이 하게 된다. 따라서 저축에 대한 과세를 하지 않게 되면 상대적으로 저축의 비중이 큰 부유층이 그 혜택을 입는 것으로 생각될 수 있다.
③ 소득세 특히 이자소득세는 저축이 포함되어 있는 미래소비에 과세를 하게 된다. 그러나 지출세는 현재소비와 미래소비를 동등하게 취급하게 되는데 그 결과 소득세에 대비 미래소비를 우대하는 경향이 있게 된다.
④ 직접세는 간접세가 아닌 직접세라고 봐야 한다.
⑤ 칼도는 지출세가 자본을 축적하는 저축에 과세하는 것이 아닌 소비에 과세하는 것이지만, 이자소득세의 경우는 스스로 소비하고 싶은 욕구를 억누르고 남의 필요에 쓰일 목적으로 저축한 돈에 대해 과세하는 것은 불공평하다고 보았다.

정답 ④

37	중요도	★★★★★	난이도	★
	출제 포인트	법인세와 하버거 모형		

▶ **법인세에 관한 설명으로 옳지 않은 것은?**

① 현행 법인세제에서 허용하고 있는 정액법, 정률법 등에 따른 감가상각은 경제적 감가상각과 차이가 난다.

② 법인세가 경제적 이윤에 대한 과세성격을 갖는다면 조세부담은 전적으로 주주에게 귀착된다.

③ 법인세가 경제적 이윤에 대한 과세성격을 갖는다면 초과부담이 발생하지 않는다.

④ 법인세가 법인부문에 투입된 자본에 대한 과세이고, 법인부문이 노동집약적이라면 조세부담이 자본가에게 전가된다.

⑤ 법인세가 법인부문에 투입된 자본에 대한 과세라고 볼 때, 요소대체효과는 부문간 요소집약도 차이에 상관없이 자본의 상대가격을 떨어뜨린다.

핵심체크

※ 하버거 모형과 법인세를 연결한 것이다. 법인세의 성격은 경제적 이윤에 대한 과세인지, 자본에 대한 과세인지로 꼭 나누어서 살펴보아야 한다. 문제에서도 이를 반드시 강조해서 언급하고 있다.

1. 법인세의 성질

(1) 과세대상 : 총수입=임금+지대+이자+회계적 이윤+감가상각+중간재 구입비용

↓

경제적 이윤+자기자본의 기회비용

(→법인세 과세대상)

(2) 경제적 이윤에 대한 과세라는 관점(신고전파 모형)

① 한계투자가 차입자금으로 조달되고(100% 차입경영)

② 회계적 감가상각=경제적 감가상각

③ 법인세부담은 주주에게 귀착(초과부담 없음, 즉 투자저해하지 않음)

(3) 자본에 대한 과세라는 관점(하버거 모형)

① 자기자본의 기회비용을 공제하지 않음

② 단기 : 자본소유자에게 부담귀착 vs 장기 : 노동자, 소비자에게 전가
(한계비용상승으로 초과부담발생, 또한 법인-비법인 간의 자원배분왜곡)

2. 법인세 투자 중립성 조건

① 감가상각공제액의 현재가치+이자공제액의 현재가치=1

② 자본재 구입비용에 대해 즉각 경비처리 허용+지급이자 비용공제 없음

③ 진정한 경제적 감가상각에 해당하는 감가상각 공제 허용+완벽한 이자공제

④에서 법인부문이 노동집약적이라면 산출효과(폭탄효과)에 의해서 노동자에게 전가되고, 대체효과(스나이퍼 효과)에 의해서 자본가가 부담하게 된다. 폭탄과 스타이퍼 효과로 쉽게 알 수 있다. 따라서 조세부담의 귀착은 산출효과와 대체효과 중에서 어느 것이 더 강한가에 따라 달라진다.

정답 ④

38	중요도	★★★★★	난이도	★★
	출제 포인트	조세가 노동공급에 미치는 효과		

▶ **정부가 세수 증대를 목적으로 비과세인 금융상품의 일부를 과세 대상으로 전환하였다. 이 정책이 해당 금융상품을 보유하고 있는 개인의 노동공급에 미치는 효과에 관한 설명으로 옳은 것은? (단, 여가는 정상재이다.)**

① 여가는 감소하게 된다.
② 대체효과는 노동공급을 증가시킨다.
③ 대체효과는 노동공급을 감소시킨다.
④ 비과세금융상품에 대한 신규과세로 임금률이 변화한다.
⑤ 소득효과는 노동공급을 감소시킨다.

핵심체크

※ 조세가 노동공급에 미치는 효과에서 일반적으로는 시험에서 근로소득에 과세를 할 경우 노동과 여가의 선택문제가 출제된다. 그런데 비근로소득을 고려하는 경우를 추가로 응용해서 출제할 수 있고, 이를 문제로 낸 것이다. 그러나 이것은 부의 소득세와 선형 누진세의 형태와 동일하고, 단지 부의 소득세를 반대로 적용하면 되는 것이다.
출제의도의 핵심은 근로소득에 과세를 하게 되면 임금률이 변해서 대체효과와 소득효과가 생기는데, 비근로소득에 과세를 하게 되면 임금률에는 변화가 없어 대체효과는 없고, 소득효과만 존재한다는 점이다.

근로소득이 아닌 비근로소득인 금융소득에 대해 과세를 하게 되면 다음 그림과 같이 된다.

- 비근로소득의 감소(그림의 a감소)는 예산선의 기울기에는 변화가 없이 안쪽으로만 이동하게 된다.
- 소득효과만 발생한다. m(실질소득)↓ → 여가(L)↓, 노동(H)↑
- 여가가 정상재인 경우 그림의 A점에서 B점으로 이동하게 된다. 그 결과 여가의 소비는 감소한다.

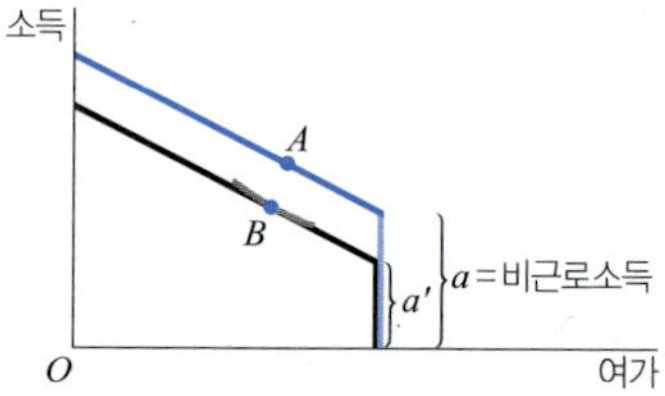

① 여가의 소비는 감소하게 되고 노동공급은 증가한다.
②, ③ 비근로소득인 금융소득의 과세는 예산선을 안쪽으로 평행이동 시키게 되어 대체효과는 없고 소득효과만 발생하게 된다. 지문에서는 대체효과가 있는 것으로 나와 틀린 표현이다.
④ 비과세금융상품에 대한 신규과세는 임금률을 변화시키지 않게 되어 예산선의 변화는 없다.
⑤ 소득효과에 의해 여가는 감소하고 노동공급은 증가하게 된다.

정답 ①

39	중요도	★★★★	난이도	★★
	출제 포인트	근로소득세가 노동공급에 미치는 효과		

▶ **근로소득세가 노동공급에 미치는 영향에 관한 설명으로 옳지 않은 것은?**

① 비례적인 근로소득세가 부과될 때 여가가 정상재라면 대체효과는 노동공급을 감소시키나 소득효과는 노동공급을 증가시킨다.

② 여가가 열등재일 때 근로소득세가 부과되면 대체효과가 소득효과보다 커서 노동공급이 증가한다.

③ 근로소득세가 노동공급에 미치는 영향을 분석하는 방법은 계량적 추정, 설문조사, 실험 등이 있다.

④ 여가가 정상재일 때 대체효과가 소득효과에 의해 거의 상쇄되면 노동공급곡선은 수직선에 가까운 형태를 보인다.

⑤ 실증연구결과에 따르면 가계의 주 근로소득자(primary worker) 들의 세율에 대한 노동공급탄력성은 비탄력적인 반면, 보조 근로소득자(secondary worker)들의 노동공급탄력성은 상당히 탄력적이다.

핵심체크

1. 근로소득세의 노동공급효과분석: 계량적 추정, 설문조사, 실험

상황: 세율 t인 비례(근로)소득세 부과 → 세후 순임금율 $(1-t)w$로 하락

(1) 여가가 정상재인 경우

① 근로소득세 부과 → 세후 순임금율(여가가격) 하락 → 대체효과, 소득효과 발생

② 대체효과 : 근로소득세 부과 → $P_{여}$↓ → 여가↑, 노동↓

③ 소득효과 : 근로소득세 부과 → m(실질소득)↓ → 여가↓, 노동↑

(2) 여가가 열등재인 경우

① 대체효과 : 근로소득세 부과 → $P_{여}$↓ → 여가↑, 노동↓

② 소득효과 : 근로소득세 부과 → m(실질소득)↓ → 여가↑, 노동↓

2. 결론

(1) 여가 정상재: 소득효과와 대체효과 반대방향

∴ 비례소득세로 노동공급에 미치는 효과는 불분명

(2) 여가 열등재: 소득효과와 대체효과 동일방향: 노동공급감소

근로소득세가 노동공급에 미치는 영향을 실증분석 하는 방법과 최근 연구결과를 미국을 중심으로 설명하고 있다(시험에 내기는 어렵지만 수업시간에 언급하는 바와 같이 재정학은 실천적인 학문이므로 말로 설명하는 것보다는 실제 데이터를 가지고 실증 연구하는 것을 매우 중요하게 생각하므로 ③과 같은 지문 정도는 항상 나올 수 있다. 따라서 한번쯤 눈여겨볼 필요가 있다).

② 여가가 열등재일 경우 대체효과와 소득효과 모두 노동공급을 감소시킨다.

⑤ 조세와 노동공급부분에서 실증연구 결과 누진소득세 부과시는 부차적 노동공급자(secondary worker, 주부)의 노동시장 포기 가능성이 높다고 나와 있다. 이것은 노동공급에 훨씬 임금감소가 민감하게 영향을 준다는 것으로 탄력적이라는 의미가 된다.

정답 ②

40	중요도	★★★★★	난이도	★★★
	출제 포인트	근로소득장려세제		

▶ A국은 2014년부터 아래 그림과 같이 근로장려세제를 도입하기로 했다. 정부가 근로소득 1,100만 원까지는 근로장려세를 100원당 40원씩 지급하고, 근로소득 1,500만 원에서 3,700만 원까지는 100원당 20원씩 줄여 지급한다. A국의 2014년에 예상되는 노동공급과 관련한 설명으로 옳은 것은? (단, 여가는 정상재이다.)

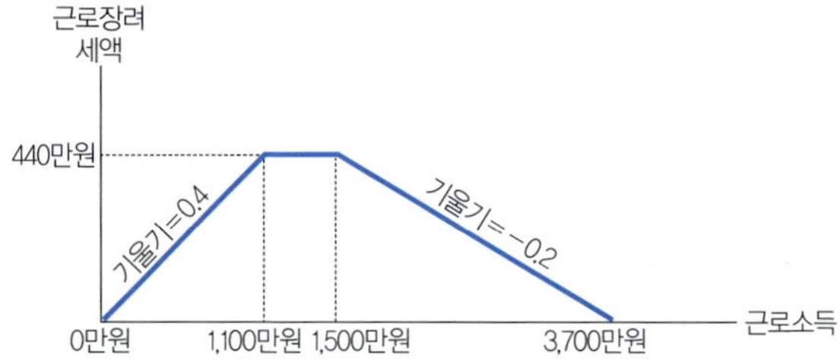

① 2013년 노동시장에 전혀 참여하지 않았던 사람은 소득효과의 크기에 따라 노동시장이 참여여부를 결정한다.
② 근로소득이 600만 원인 사람은 대체효과가 소득효과보다 크면 노동공급을 감소시킬 것이다.
③ 근로소득이 1,300만 원인 사람은 소득효과만 존재하므로 노동공급을 증가시킬 것이다.
④ 근로소득이 2,500만 원인 사람은 대체효과와 소득효과 모두 노동공급을 감소시킬 것이다.
⑤ 근로소득이 5,000만 원인 사람은 노동공급을 감소시킬 것이다.

핵심체크

1. EITC(근로소득세액공제, Earned Income Tax Credit)
① 임금보조금제도 원리, 근로보조금(work bonus), 근로장려세제(한국)
② 노동공급 유인을 제공하면서 저소득자에게 소득을 보조해 주자는 취지(현재 미국에서는 소득재분배의 가장 큰 비중을 차지)

2. 운영방식

점증구간	평탄구간	점감구간
① 소득이 증가함에 따라 조세환급(보조금, 근로장려금)이 점증하는 구간 ② 노동공급의 증가에 따라서 임금률 상승 ③ 대체효과(>소득효과)가 노동공급을 증가시키는 방향으로 작용	① 일정액의 조세환급구간 ② 임금률이 제도 시행 이전과 동일 ③ 대체효과는 없고, 소득효과는 보조금을 지급받기에 정상재인 여가를 늘려 노동공급 감소	① 부의 소득세 원리 작용 ② 소득이 증가함에 따라서 보조금 감소 ③ 대체효과와 소득효과 모두 노동공급을 감소

① 소득효과는 EITC의 어느 구간에 속하든 모두 노동공급에 음(-)의 영향을 미친다. 즉, 노동공급에 부정적인 충격을 준다.
② 근로소득이 600만 원인 사람은 점증구간의 영역에 속해 있기 때문에 대체효과(+)가 소득효과(−)보다 큰 경우에는 노동공급을 증가시키게 된다.
③ 근로소득이 1,300만 원인 사람은 평탄구간에 속해 있어 대체효과는 없고 소득효과만 존재한다. 소득효과는 모든 영역에서 음(−) 영향으로 근로소득에 부정적인 영향을 준다.
④ 근로소득이 2,500만 원인 사람은 점감구간에 있어서 대체효과와 소득효과 모두 노동공급을 감소시킨다.
⑤ 근로소득이 5,000만 원인 사람은 EITC의 보조혜택을 받지 못한다. 따라서 노동공급에 미치는 영향은 없다.

정답 ④

저자약력

장선구

성균관대학교 경제학과를 졸업하고 동대학원에서 석·박사 학위를 받은 후에 웅지세무대학에서 재직하였다. 박사과정 중에 국비지원을 통해 영국 LSE, 네덜란드 틸버그, 미국 버지니아텍에서 학술 연수 혜택을 받았고, 이 혜택을 다양한 경로를 통해 저술과 강의로 환원하려고 노력하고 있다.

현재 성균관대학교 겸임교수로 재직하고 있다. 또한 고려대학교, 연세대학교에서 강의하고 있으며, KG 패스원에서도 CPA 시험대비 경제학을 담당하고 있다.

저자와의
협의하에
인지생략

2014-2015년 세무사 재정학 기출문제 완전 분석
실전재정학 추록

2015년 12월 11일 초판 인쇄
2015년 12월 14일 초판 1쇄 발행

저 자 : 장 선 구
발행인 : 정 광 식
발행처 : **비앤엠북스**
서울특별시 금천구 가산디지털1로 70 B1-103
등 록 2004. 12. 29. / 제313-2004-00298호
전 화 2627-5710~13, 팩스 2627-5720
홈페이지 www.대학교재.net
이 메 일 bnmbook@daum.net

가격 5,000원 ISBN 978-89-6821-038-9